AF535873

Gudrun Mangold

Hunger ist der beste Koch

Gudrun Mangold

Hunger ist der beste Koch

Karge Zeiten auf der rauen Alb
Rezepte und Geschichten

Gudrun Mangold ist Journalistin, Autorin und Filmemacherin.
Den Überlebenskampf der »Laichinger Leinenweber« zeichnete sie auch in einem Dokumentarfilm für den SWR nach.

Mit freundlicher Unterstützung

des Fördervereins Schwäbischer Dialekt e.V.

der Stadt Laichingen

1 2 3 4 5 24 23 22 21 20

© 2020 by Edition Gudrun Mangold, Heidelberg. www.gudrunmangold.de
Alle Rechte vorbehalten.

Abbildungen:
Die Bildstrecken übers »Bacha« und den »Mergd« fotografierte Ernst Kubitza
Fotos Seite 128 und 130: Gudrun Mangold
Fotos Seite 142 und hinterer Vorsatz: Georg Laichinger
Foto Seite 24: B. Hollmann/BW agrar
Foto Seite 86: Siegfried Ruoß
Foto Seite 140: Eugen Sauter/Landesmedienzentrum Baden-Württemberg
Alle anderen Abbildungen:
Archiv des Höhlen- und Heimatvereins Laichingen.

Satz und Gestaltung: Günter Stahl, Horb
Umschlag: Jürgen Reichert, Stuttgart, unter Verwendung von Fotografien von Alwin Tölle und aus dem Privatbesitz Kurt Häberle
Druck: Ottodruck, Oberndorf am Neckar
Printed in Germany.

ISBN 978-3-9822441-1-2

Das Original

2002 erschien „Hunger ist der beste Koch – Karge Zeiten auf der rauen Alb – Rezepte und Geschichten" von Gudrun Mangold zum ersten Mal. Binnen weniger Wochen war die erste Auflage ausverkauft, weitere folgten. Das Buch wurde zum sogenannten Longseller. Doch dann wurde der Verlag, in dem es erschien, verkauft, das originale Buch „Hunger ist der beste Koch" verschwand vom Markt.

Hääs: Gewand

Nun ist es wieder da. Publiziert in der Edition der Autorin. Der Text ist unverändert. Nur die Gestalt, quasi das Hääs, ist neu.

Hunger ist der beste Koch

»Viel Steine gab's und wenig Brot.« Für die Leute von der Schwäbischen Alb waren das bis weit ins vorige Jahrhundert hinein nicht nur Uhland'sche Verse. Strenge Winter, karger Boden – da hungerte man schnell.

Wer die Bewohner des Mittelgebirges zwischen Stuttgart und dem Bodensee jedoch verspotten will und deshalb von der »rauen Alb« spricht, hat sich vertan: Die Älbler hören so etwas gar nicht ungern und schmunzeln nur zufrieden. Sie sind stolz auf ihre harte Natur und darauf, aus der Not Tugenden gemacht zu haben.

Kiachla:
Schmalzgebackenes
Gnepfla:
runde Mehlspeisen
en guada!:
guten Appetit!

Bezogen auf die Küche heißt das, aus je weniger man etwas machen musste, mit desto klangvolleren Namen konnte man es doch immerhin versehen. »Kiachla« und »Gnepfla« haben etwas sehr Versöhnliches, und selbst ein Gourmet könnte sich einem Gericht wie »Goldschnitten« doch wohl kaum verschließen – oder?

Und wenn doch? Keine Sorge – wo Schmalhans das küchenmeisterliche Regiment führt, ist Hunger immer noch der beste Koch ...

En guada!

Wa geit's?

Wa geit's:
Was gibt es?

Die meisten Alb-Bauern hatten früher ein Kuh-Fuhrwerk – ein Gespann von zwei Schaff-Kühen zog die Wagen oder auch Egge und Pflug.

Raue Kost

Schlägt man die Karten der geläufigen Feinschmecker-Führer auf, so findet man auf dem Gebiet der Schwäbischen Alb: leere Flächen. Kulinarisches Brachland.

Warum soll dann ausgerechnet hier den Leuten in die Töpfe geschaut werden?

Weil die Alb eine weithin unentdeckte, ganz eigene Kultur hat – eine Überlebenskultur. Insbesondere in den Rezepten hat sich dies niedergeschlagen.

Sinnlich erfahrbar, zum Nachkochen und Ausprobieren, wird die traditionelle Küche dieser Region vorgestellt. Ganz besonders der Gegend um Laichingen, da, wo die Alb am rauesten ist. Nicht wenige der Gerichte, zum Beispiel der »Schwarze Brei«, stehen dort bis heute auf dem Speisezettel. So kann man Land und Leute kennenlernen.

Die uralten Rezepte fangen nicht einfach mit »man nehme« an – man hatte zunächst einmal ja gar nicht! Das Kapitel »Mr hant's Bacha« zum Beispiel umfasst nicht nur das Kneten des Brotteigs und das Einschießen, sondern fängt mit der Holz- und Reisigbeschaffung im Wald an, beschreibt unter anderem die an manchen Orten bis heute vollzogenen Rituale beim Auslosen der Backzeiten und dass man im Backhaus, wenn man morgens um vier Uhr aufstand, ein auch noch so zähes Suppenhuhn bis zum Mittagessen weich kochen konnte – es durfte sich bloß nicht um die »Ofenhenne« handeln, die man lange Zeit jährlich als Steuer für den Besitz einer Feuerstelle abzugeben hatte ...

Flachs oder Lein ist eine der wenigen alten Nutzpflanzen, die anspruchslos genug sind für die kargen Bedingungen auf der Albhochfläche. Das Blau der Flachsblüten bestimmte früher das Bild der Alb, wo seine Fasern zu Garn gesponnen und dann zu Leinen gewoben wurden. Für ihr Leinen wurden die Älbler berühmt. Laichinger Leinen war in früheren Jahrhunderten weit über die Landesgrenzen hinaus ein Begriff und nicht nur auf den Umschlagplätzen in Ulm,

Bauer beim Säen. Das Saatgut wurde in einem umgebundenen Tuch mitgetragen.

Der breite und der schmale Weg – ein pietistisches Andachtsbild, das in vielen Häusern zu finden war.

sondern auch in Genua begehrte Handelsware. Italienische und schweizerische Händler schmuggelten die hochwertigen Stoffe aus Württemberg.

Die Leinenweberei war allerdings ein hartes Brot (siehe Seite 144ff), und trotz dieser Einnahmequelle blieben die Älbler meist arm. Viele Weber erkrankten und starben früh. Die Kindersterblichkeit in Laichingen war europaweit mit am höchsten.

Ausharren auf dem kärglichen Pfad der Tugend – diese Haltung wurde programmatisch. Eindrucksvoll dokumentiert ist sie in dem in vielen Häusern vorzufindenden pietistischen Hausandachtsbild »Der breite und der schmale Weg« – ständige Ermahnung einerseits und tröstliche Hoffnung andererseits: Gut und Böse sind zweifelsfrei festgelegt. Links locken nackte Säulenfiguren zum bunten Treiben in einer weiten, hellen Straße mit Gasthof, Theater, Spielhölle und sonstigen Lustbarkeiten. Rechts hingegen weist ein Mahner in Gestalt eines evangelischen Pfarrers durch eine kleine Pforte auf einen beschwerlichen Pfad, dunkel, steil, mit zahlreichen Treppen, einer schmalen Brücke, gesäumt von einer Kirche, einer Sonntagsschule und einem Diakonissenhaus.

Am jeweiligen Ende der Wege wartet dann die gewaltige Umkehrung des gewählten Erdenlebens. Der breite Weg mündet in einer in sich zusammenbrechenden Stadt, in der eine wilde Feuersbrunst tobt – das Verderben, die Hölle. Der schmale Weg jedoch führt ins himmlische Jerusalem, eine prunkvolle, festliche Stadt voller Licht und Scharen von musizierenden Engeln – die Erlösung, das Paradies.

Bis ins vorige Jahrhundert trug man in den Alb-Orten eine einheitliche Tracht. Hier bei einer Feuerwehr-Übung.

Diese ausgeprägte religiöse Haltung half den Leuten auf der Alb, die bittere Not des Alltags zu akzeptieren. Arbeit und Verzicht wurden zu Grundpfeilern einer Überlebensmoral und einer Frömmigkeit, die ihren Lohn in einer anderen Welt zu erlangen hoffte.

In der Sonntags-Tracht geht's zur Kirche.

Eine solche mit dem Aufkommen des Pietismus im 18. Jahrhundert entstandene Weltanschauung erklärt allerdings in keiner Weise, warum sich der überwiegende Teil der Bevölkerung auf der Alb in den Jahrhunderten zuvor mit den mageren Bedingungen von Boden und Klima zufrieden gab und daran festhielt – statt in eine freundlichere Gegend auszuwandern.

Plausibel scheint die erste dauerhafte Besiedlung ab etwa 500 n. Chr., nachdem die Römer ihre Befestigungen auf der Alb und im Albvorland aufgegeben hatten und die Franken an Macht gewannen. Klar, dass es um die fruchtbaren Täler entlang der Bäche und Flüsse Verteilungskämpfe gab. Übrig blieb die unwirtliche Albhochfläche, wohin sich wohl vornehmlich etliche alamannische Stämme zurückziehen mussten.

Aber warum sind sie hier geblieben? Hier musste man zwar kaum mit anderen Sippen um den Boden ringen. Aber es bedeutete, der Natur das Lebensnotwendigste abzutrotzen – und oft war nicht einmal das möglich. Ein ständiger Überlebenskampf also. Und ein Kampf gegen sich selbst.

Hielt die Menschen die allmählich zur Norm gewordene Sesshaftigkeit? Schien es deshalb besser, ein kleines Stück – wenn auch wenig fruchtbaren – Boden zu besitzen und ein Dach über dem Kopf sein Eigen zu nennen, als sich als Tagelöhner auf den Weg zu machen?

War die Sippe zu groß geworden, als dass sie sich als Ganzes hätte wieder in Bewegung setzen können? Der Zusammenhalt andererseits so bindend, dass man sich nicht aufteilen wollte? Oder war es ganz einfach nur die Macht der Gewohnheit?

Auffällig sind viele bizarre Ausdrücke in der Sprache, die sich hier erhalten haben. Deutlich grenzen sie sich ab von den schwäbischen Dialekten im Unterland, haben jedoch andererseits viel zu tun mit dem Alemannischen, das heute in der Schweiz als Schwyzerdütsch gesprochen wird. Somit wäre es vielleicht richtiger, die »Schwäbische« genannte raue Alb in »Alemannische Alb« umzubenennen?

Dieses als Kochbuch verkleidete Geschichtsbuch ist der Versuch, sich dieser weithin unbekannten Alb und ihrer Geschichte auf neue Weise anzunähern: Sozial- und Kulturgeschichte einfach zum Auf-der-Zunge-zergehen-Lassen.

Für die immer wieder einfließenden Teile der originären Sprache gibt es ein Glossar. Selbst Schwaben werden auf diese Übersetzungshilfe – immerhin für eine »schwäbisch« genannte Region mitten im Land – nicht ganz verzichten können. Es wäre zu schade, wenn der meist beißende Witz der rauen Älbler nicht verstanden würde.

Mit der größer werdenden Mobilität entdeckten die Unterländer die Alb als Naherholungsgebiet.

Morgads

Nach dem Stall hot ma da Kaffee. Unter »Kaffee« ist im Normalfall ein Muggafugg zu verstehen, also kein Bohnenkaffee.

Muggafugg

Muggafugg kann entweder Blümchen- oder Lindes-Kaffee sein oder aber ein Gebräu aus Gerste, Zichorie und Eicheln.
So kann man beispielsweise auf einen Liter Wasser 20 bis 30 Gramm gerösteten Gersten- oder Malzkaffee, ein kleines Stück Zichorie oder einen Esslöffel Blümchenkaffee nehmen.
»Kaffee« mahlen, mit frischem, kaltem Wasser aufsetzen und drei bis fünf Minuten kochen lassen. Setzen lassen und sofort abgießen. Oder man brüht ihn nur an und lässt ihn dann fünf bis zehn Minuten ziehen.
Geröstete gelbe Erbsen eignen sich als Kaffeegewürz (eine Erbse auf eine Tasse).

Oder man macht sich einen Eichel-Kaffee:

Eichel-Kaffee

Dazu werden reife Eicheln von der äußeren grünen Schale befreit und der Kern in vier Teile geschnitten. In kaltem Wasser 10 bis 12 Stunden stehen lassen, um ihnen den scharfen Geschmack zu nehmen. Dann im Ofen dörren. Direkt vor dem Gebrauch wie Kaffee rösten und mahlen.
Man nimmt einen Esslöffel Eichelpulver auf einen Liter Wasser und lässt es eine Zeit lang sieden. Für Kinder nimmt man die Hälfte Pulver.
Abgießen und nach Belieben mit Milch und Zucker mischen.

Zum »Kaffee« frühstückt man Schwarzbrot mit Butter und Gsälz, oder wenn man grad 's Bacha ghet hot, au en Graaz oder a Blatz – und in Merklingen vielleicht a Nudl (siehe Seite 102).

Morgads: morgens
hot ma da: hat man den
Muggafugg: falscher Kaffee (von französisch »mocca faux«)
Gsälz: Marmelade
's Bacha ghet hot: (wenn) Backtag war
en Graaz: einen Hefezopf
a Blatz: großer Backhauskuchen
Nudl: Nudel

Middaags

Zaischd

Generell sind die Rezepte für sechs Personen gedacht. Bei den Zutaten geht es im Zweifelsfall nach dem Motto:

Man nehme, so man hat:

3 Pfund Mehl
2 Liter Milch – gewöhnlich nimmt man Wasser
7 Eier – gewöhnlich nimmt man keine
Das ganze verrührt man zu einem glatten Teig.

Aus einem handgeschriebenen Heft, das die Urgroßmutter auf der Hauswirtschaftsschule in Haigerloch angelegt hatte.

Wenn es ganz arm zuging – und das ging es oft in der Alb-Küche –, dann gab es vornehmlich Wasser-Suppen. Vielleicht entstand so der tröstliche Spruch

»A Riahle goht ieber a Briahle.«

Weitaus gehaltvoller wird es, wenn die Suppe mit einer Gnochabriah hergestellt werden kann.

zaischd:
zuerst
a Riahle goht ieber a Briahle:
ein Schläfchen geht über ein Süppchen
Gnochabriah:
Knochenbrühe

Gnochabriah

Etliche Knochenstücke, möglichst mit Markknochen, reichlich Suppengemüse (ein Stück Sellerie, 1 Lauchstengl, 2 bis 3 Gelbe Rüben, 1 Zwiebel, Petersilie), 2 Liter Wasser, 1 Esslöffel Salz.

Die Knochen waschen, das Gemüse putzen und klein schneiden. Knochen, Sellerie, Lauch, Gelbe Rüben und Zwiebel in kaltem Wasser aufsetzen, das Salz dazugeben und zwei bis drei Stunden kochen. Zum Schluss die Petersilie dazugeben.
Will man eine kräftigere, dunkle Brühe, brät man die Zutaten vorher in etwas Schmalz an.
Zwei- bis dreimal kann man die Knochen schon durchkochen. Nur muss man sie dann halt klein zerhacken und jedes Mal frisches Gemüse nehmen.
Auch Bratenknochen eignen sich bestens zum Auskochen.

Wenn man es sich leisten kann, macht man sich sogar a Floischbriah:

Floischbriah

250 Gramm Rinderschwanz oder Überzwerches, 2 Liter Wasser, 1 Esslöffel Salz, Suppengemüse (siehe oben), ein paar Knochen (möglichst mit Markknochen). Wenn vorhanden: 1 Lorbeerblatt, 1 Nelke, etwas Pfeffer.

Fleisch und Knochen waschen, das Fleisch leicht klopfen. Das Gemüse putzen, in grobe Stücke schneiden und dann zusammen mit den Knochen in kaltem Wasser aufsetzen. Wenn es kocht, das Fleisch und die Gewürze zugeben. Zugedeckt 2 bis 2 1/2 Stunden durchkochen. Ganz zum Schluss die Petersilie klein schneiden und dazugeben.
Damit es eine klare Brühe gibt, darf sie nicht zu stark ins Strudeln kommen. Trüb und milchig wird sie auch, wenn man das Gemüse zu klein geschnitten hat.

Lauchstengl:
Lauchstange
Floischbriah:
Fleischbrühe

Für Suppen, Gemüse und Soßen benötigt man häufig eine

Eibrenne

1 Esslöffel Fett,
2 Esslöffel Mehl.

Das Fett erhitzen, das Mehl zugeben und hellgelb bis hellbraun rösten.

Als Fett verwendete man früher üblicherweise Schweineschmalz, selten auch Öl oder sogar Butter. Palmfett und Olivenöl kannte man auf dem Land nicht.

Schmelze

1 Esslöffel Schmalz, gegebenenfalls 1 feingewiegte Zwiebel oder 1 bis 2 Esslöffel Weckbrösel.

Man lässt das Schmalz zergehen. In dieser Schmelze kann man wahlweise en Zwiebel oder Braisala hellbraun anrösten, als i-Tüpfelchen für Maultaschen beispielsweise.

Fett ist nicht nur ein hervorragender Geschmacksträger, es liefert dem Körper auch Energie. Beides war der kargen Küche auf der Alb hochwillkommen. Zum einen war in früheren Zeiten fast jede Tätigkeit mit körperlicher Anstrengung verbunden, zum anderen konnte man so die wenigen Zutaten auch geschmacklich aufwerten. Viele Gerichte kann man durch eine Schmelze verfeinern.

Eibrenne: Einbrenne
Schmelze: zerlassenes Schmalz
en Zwiebel: eine Zwiebel (im Dialekt ist der Artikel maskulin, ebenso heißt es »der Butter«, »der Schoklaad«, andererseits aber »das Teller«)
Braisala: Brosamen

Die schwäbisch-alemannische Küche ist bekannt dafür, dass möglichst jedes Gericht in einer Soße schwimmen sollte. Generell rechnet man pro Person einen kleinen Esslöffel Fett und so viel Mehl, dass die Masse dickflüssig wird. Überaus beliebt, sei es zu Eiern, Nieren oder Kutteln, ist eine saure Soße:

Saura Soß

1 große Zwiebel,
5 Esslöffel Fett,
5 Esslöffel Mehl,
1 Esslöffel Zucker,
2 bis 3 Esslöffel Essig,
etwas Brühe (soweit vorhanden),
1 Lorbeerblatt,
1 Nelke,
Pfefferkörner, Salz.

Die Zwiebel klein schneiden und in der braunen Einbrenne aus Fett, Mehl und Zucker dämpfen, mit Essig und eventuell Brühe ablöschen. Gewürze dazugeben und gut durchkochen lassen.

In der armen Küche, in der Fleisch eine Seltenheit ist, gibt es traditionell immer wieder Süßspeisen als Hauptgericht. Oft dient dies auch der Resteverwertung. Zu vielen dieser Süßspeisen – beispielsweise zu Dampfnudeln oder zum Ofenschlupfer – gehört eine Vanillesoße.

Vanill-Soß

1/2 Liter Milch,
2 Esslöffel Zucker,
ein Stückchen Vanilleschote,
2 bis 4 Eidotter,
1 Kaffeelöffel Mehl.

Zucker und aufgeschlitzte oder zerdrückte Vanilleschote in die Milch geben und zum Kochen bringen. Die Eigelb mit ein wenig Mehl und kalter Milch verrühren und vorsichtig in die nicht mehr kochende Soße einrühren.

Suppa

Ein möglichst nasses Essen stimmt den meist derb-herb geprägten Menschenschlag auf der Albhochfläche gleich milde. Heile Welt schleicht sich in die Stube, wenn um die Mittagszeit der ganze Raum erfüllt ist nur noch von einhellig zufriedenen Supfgeräuschen und sachtem Löffelklippklapp. Gesupft wird übrigens grundsätzlich. Dass ma sich d'Gosch et vrbrennt. Wemma dees doch amol duat, no weil ma abbas sait, wa ma liabr et saa sett. Aber beim Essen wird sowieso nex gschwätzt oder wenig. Weil's pressiert. Dass man bald wieder ans Schaffa gau kaa.

Ein Fremder ist auf diese Weise leicht zu taxieren:

Wia ma isst, so schaffat ma au!

Warum hier oben gerade die Suppen besonders wichtig geworden sind, dürfte direkt mit den (Über-)Lebensbedingungen auf der Schwäbischen Alb zu tun haben. Die Krume ist dünn, der Boden karg, das Klima rau – das heißt: der Winter kommt früh, Schnee und Frost gehen erst spät und oft bläst ein kalter Wind. Hier sei es ein Dreivierteljahr Winter und drei Monate kalt, spottet der verwöhnte Volksmund aus dem Unterland.

Auf der Alb selbst heißt es lapidar, hier sei es halt en Kiddl keldr. Klar, dass man dann am liebsten so oft wie möglich etwas Warmes in den Magen bekommt. Mittags sowieso, wenn man vrfraura vom Acker heimkommt, und obads, wenn man Glück hat und vom Middaag no abbas iebreg blieba ischd.

supfen: schlürfen
dass ma sich d'Gosch et vrbrennt: dass man sich den Mund nicht verbrennt
wemma dees doch amol duat: wenn man das doch einmal tut
no, weil ma abbas sait: dann, weil man etwas sagt
wa ma liabr et saa sett: was man lieber nicht sagen sollte
's wird nex gschwätzt: es findet keine Unterhaltung statt
wia ma isst, so schaffat ma au!: Wie man isst, so arbeitet man auch (im gleichen Tempo, mit der gleichen Hingabe)!
en Kiddl keldr: wörtlich: eine Jacke kälter, das heißt, man muss hier eine Jacke mehr anziehen als in wärmeren Gefilden
vrfraura: durchfroren, erfroren, fröstelnd
obads: abends
Middaag: Mittag
no: noch
abbas: etwas
iebreg: übrig
blieba ischd: geblieben ist

Bei Festessen durfte eine Suppe als erster Gang nie fehlen.

Ein Steinbruch zeigt, wie dünn die Krume auf dem felsigen Untergrund ist.

Und es gibt noch einen weiteren Grund, der für den Stellenwert der Suppen ausschlaggebend gewesen sein könnte. Frisches Wasser war auf der Alb immer Mangelware. Was man – wegen der Kälte – vielleicht kaum vermutet: Die Alb-Höhen sind die wasserärmste Gegend Deutschlands.

Laichingen ist ein Ort auf der mittleren Alb – extrem kalt, karg und trocken, mit zirka 770 Meter recht hoch und durch die flachen Kuppen kaum geschützt. Weit und breit gibt es keinen See, keinen Fluss, keinen Bach, nicht ein einziges winziges Rinnsal ist hier zu finden. Stattdessen verschluckt das völlig verkarstete und zerklüftete Kalkgestein gleichsam gierig jeden Regentropfen sofort in seine Tiefen. In den nahen, jedoch allein schon wegen des frischen Wassers unvergleichlich angenehmeren Tälern der Alb, zum Beispiel von Lone und Blau, lassen sich bevorzugte Lagerplätze bis zu den Neandertalern zurückverfolgen. Man hat dort Miniaturen gefunden, die Mammut, Wildpferd und Löwe darstellen. Sie wurden vor etwa 30 000 Jahren geschaffen und zählen zu den ältesten bekannten Kunstwerken der Menschheit.

Ein Streifen links der Donau entlang, ungefähr zwischen Münsingen und Herbrechtingen, weist zum Teil auch steinfreie, tiefgründige Böden auf. Auch hier findet man frühe Siedlungsspuren – und später sehr reiche Bauern, denn diese Gegend diente als »Kornkammer Ulms«.

Die weite Öde der Hochfläche und speziell ihre Höhlen hingegen wurden wahrscheinlich nur von durchziehenden Jägern und Hirten als Unterschlupf bei Unwetter genutzt. Wenn auf den Höhen dauerhaft gesiedelt wurde, dann vorzugsweise am Albtrauf, direkt über den Tälern oder auf den Plateaus der vorgelagerten Tafelberge. Ein Beispiel dafür ist die relativ große und noch gut zu erkennende Siedlung bei Grabenstetten am Nordrand der Alb. Die zu den Kelten zählenden Helvetier haben sie im 2. Jahrhundert vor Christus angelegt.

Im letzten vorchristlichen Jahrhundert weiten die Römer ihren Machtbereich nach Norden aus. Immens wichtig werden die Straßen, mit denen sie Rhein und Donau verbinden. 73/74 n. Chr. führen sie von Straßburg aus eine Route durch das Kinzigtal und an der Südflanke der Alb entlang bis nach Augsburg. Der vorher angelegte Donau-Limes (41–54 n. Chr.) sichert die Strecke.

Laichingen hatte die erste Windmühle Württembergs. Erbaut wurde sie 1902 auf dem Bleichberg.

Auch auf der Albhochfläche entstehen Kastelle: Clarenna bei Donnstetten oder Ad Lunam, das heutige Urspring, im Lonetal. Beide gehören zum Alblimes (80–85 n. Chr.). Und auch durch Laichinger Gebiet, das zwischen diesen beiden Stützpunkten liegt, führen römische Verbindungswege. Ein gut befestigtes Römersträßle heißt bis heute so und zieht sich schnurgerade durch die Laichinger Felder.

Durch das Neckar- und Filstal sind Abkürzungen an die Donau möglich. Mit dem Neckarlimes (83–85 n. Chr.), der nördlich über die Alb hinausgeht, entsteht eine weitere Grenzbefestigung. Ein kleinerer Teil der Alb im Westen zählt zur römischen Provinz Obergermanien, der größere östliche Teil zur Provinz Rätien. Die Hauptstädte sind weit entfernt: Der Statthalter für Germania Superior sitzt in Mogontiacum, dem heutigen Mainz, sein rätischer Kollege in Augusta Vindelicum, heute Augsburg.

Im 3. Jahrhundert siedeln germanische Gruppen innerhalb des römischen Limes. Die Römer nennen sie Alamannen. Ob diese Alamannen jedoch gewaltsam den obergermanisch-rätischen Limes gestürmt und ihn im Jahr 260 schließlich zu Fall gebracht haben, wie vielfach angenommen wird, scheint fraglich.

Der Historiker Dieter Geuenich verweist dazu auf innerrömische Machtkämpfe, die ebenso zur Aufgabe des Limes geführt haben könnten. Die Alamannen könnten demnach durchaus auch geduldet gewesen sein. Geuenich erscheint es sogar »nicht ausgeschlossen, dass die germanischen Eindringlinge das von Rom aufgegebene ehemalige Provinzgebiet der agri decumati mit Zustimmung der Römer und vielleicht sogar unter vertraglichen Bedingungen besiedelt haben«.

Nach Geuenich spricht auch einiges dafür, dass es die Alamannen als Volksstamm vorher gar nicht gegeben hat, sondern dass sie »erst im neuen Siedlungsgebiet zwischen Rhein und Limes zu einem Volk zusammengefunden haben«.

Laichingen besitzt die tiefste erschlossene Tropfstein-Höhle Deutschlands. Ein Sandgräber entdeckte sie durch Zufall im Jahr 1892.

Bis etwa 500 n. Chr. ist in der Gegend um Laichingen nicht von dauerhaften Wohnplätzen auszugehen. Zwar gibt es Reste einer keltischen Viereckschanze und einzelne Gräber, die der Hallstattkultur zugeordnet werden, jedoch keine Spuren, die etwa auf einen Weiler oder sogar eine größere Ansiedlung deuten.

Von den Franken werden die Alamannen ab dem 6. Jahrhundert zum Teil unterjocht, zum Teil ins Voralpenland und noch weiter in den Süden gedrängt, wo ihre Flucht in den rätischen Provinzen des ostgotischen Territoriums, in der heutigen Schweiz, endet. Etliche der Alamannen-Sippen haben sich offenbar auch auf die unwirtlichen Höhenzüge der Alb geflüchtet, wo ihnen die Franken wahrscheinlich nichts mehr streitig machten. Hier jedoch Ackerbau und Viehzucht zu betreiben, ist ein hartes Unterfangen und nicht zu vergleichen mit den Bedingungen im milden Unterland rechts und links der Flüsse und Bäche auf überaus fruchtbaren Böden.

Vieles, was dort wächst und gedeiht, hält dem rauen Klima der Alb nicht stand, seien es wilde Pflanzen oder angebaute. Von vornherein ist der Speisezettel also stark eingeschränkt. Auch das Vieh muss mit magerem Futter auskommen. Vor allem jedoch fehlt auf weiten Flächen das Wasser, um das Vieh tränken zu können.

Mit Regenwasser gefüllte Vulkanschlote, Hülen genannt, ermöglichten die Besiedlung der trockenen Hochfläche.

Ausnahmen sind die Maarseen der Alb. Das Tuffgestein der einstigen Vulkankrater ist wasserdicht. Die aufgefüllten Schlote sind natürliche Auffangbecken des Regenwassers, so genannte Hülen. Allerdings können auch diese Wasserlöcher im Sommer austrocknen.

An solchen Hülen ließen sich die ersten Siedler nieder, was ein großes Wagnis bedeutet haben muss. Sicher war es notgedrungen. Vielleicht nach dem Motto: »Hunger ist der beste Koch«?

Hier beginnt eine leidvolle Armutsgeschichte. Diesem rauen Land konnte der Lebensunterhalt nur unter härtesten Bedingungen und mit großen Opfern abgerungen werden.

Laichingen zählt zu den Ursiedlungen der trockenen Albhochfläche. Laicho, so nimmt man allgemein an, könnte sich der Anführer der Sippe genannt haben, -ingen der Hinweis auf dessen alamannische Stammeszugehörigkeit sein.

Lach: Pfütze

Vielleicht hat aber auch einfach die relativ große Lach dem Ort ihren Namen verliehen. A Lach meint im Dialekt bis heute eine Pfütze.

Neben einzelnen Brunnen, die immerhin zu unterirdischen Wasserläufen angelegt werden konnten, sammelte man das Wasser über so genannte Dachbrunnen. Hölzerne Rinnen fingen das Regenwasser der strohgedeckten Dächer auf und leiteten es in kleine, im Hof stehende Zisternen.

»... so erhält das Wasser eine gelbliche Farbe und einen widerlichen Geschmack. Um es vor Fäulnis und Insekten zu bewahren, wird gemeiniglich Salz hineingeworfen«, heißt es in der Münsinger Oberamtsbeschreibung von 1825. Dort werden auch die Hülen oder Hülben beschrieben: »Sie haben gemeiniglich ein sehr unreines Wasser, stinkendes und eckelhaftes Wasser, und sehen wie große Mistlachen aus, weil aller Unrath darin fließt.«

In regenarmen Zeiten trockneten auch die Hülen aus. Dann mussten – bis 1877 die Albwasserversorgung kam und die erste Wasserleitung vom Tal herauf gelegt wurde – Pferdefuhrwerke die Steigen hinunter, um in großen Fässern Wasser heraufzuziehen. Die Laichinger holten sich ihr Wasser im zwölf Kilometer entfernten Blaubeuren.

Bis ins vorige Jahrhundert waren Häuser auf der Alb mit Stroh gedeckt.

Das schnell faulige Wasser der Dachbrunnen war sicher ein erhebliches Gesundheitsrisiko. Typhus war oft die Folge. Durch Abkochen des Wassers dürfte die Gesundheitsgefährdung zu mindern gewesen sein. Geschmack und Geruch dieses Wassers waren durch Salz und Kräuter wohl noch am ehesten zu überdecken.

Überaus köstlich und an Einfachheit kaum zu überbieten ist eine gebrannte Mehlsuppe:

Brennda Mäehlsupp

3 Esslöffel Fett,
6 Esslöffel Mehl,
1 1/2 Liter Wasser,
Salz.

Das Fett zerlassen, das Mehl hellgelb bis goldbraun – je nach Geschmack – darin anrösten. Nach und nach mit dem Wasser ablöschen, Salz dazugeben und noch eine Weile kochen lassen.
Wer hat und mag, kann Pfeffer oder Kümmel dazugeben.
In der warmen Jahreszeit holt man sich Pedrleng oder Schnittleng aus dem Graugadda und streut sie klein geschnitten auf die fertige Suppe.
Graischde Brot- oder Weckwirfala machen sich auch nicht schlecht dazu.

brennda Mäehlsupp: gebrannte Mehlsuppe
Pedrleng: Petersilie
Schnittleng: Schnittlauch
Graugadda: Krautgarten
graischde: geröstete
Wirfala: Würfelchen
Lacha: Pfützen
geit: gibt
luaga duat ond losna: sieht und hört
Pfiffer: Pfeifer
Drummler: Trommler

Gibt es einen geeigneteren Anlass als die Mehlsuppe, einen kurzen Sprung nach Südwesten in die Schweiz zu machen? Dorthin, wo es ebenfalls Lacha geit und wo man ebenfalls luaga duat ond losna.

Nach dem Basler Morgastraich, wenn mit dem vierten Glockenschlag in der frühen Morgenstunde tausende von Pfiffer und Drummler mit ihren schrillen und dumpfen Rhythmen einsetzen und zusammen mit über hunderttausend Fasnetern in einem nicht mehr zu ermessenden Laternenzug dem Winter den Garaus machen, wenn schließlich ein jedes von den eisigen Stunden auf der Straße durchgefroren ist, man keinen Fuß mehr spürt vor Kälte, dann versammelt man sich gegen Ende dieser verzauberten Nacht in einer der zahlreichen Wirtsstuben, die alle geöffnet haben und in denen jetzt durchgängig überall das Gleiche dampft, herrlich duftet und für Hochbetrieb sorgt: die Mehlsuppe.

Mit keinem anderen, noch so aufwendigen Gericht würde man diesen Gaumen- und Magenschmeichler, der einen wieder mit der Welt versöhnt, jetzt tauschen wollen. Bis man die Suppe langsam und jeden einzelnen Löffel ausgiebig genießend in sich hineingeschlürft hat, geht's dann auch schon wieder mit der Kälte. Gewärmt und gestärkt tritt man erneut hinaus in die nun in blaues Licht getauchten Basler Gassen. Während es langsam immer heller wird, suchen sich, immer noch unablässig spielend, Pfiffer und Drummler – jetzt einzeln oder zu zweit, deswegen aber nicht weniger gespenstisch – ihre unbestimmten Wege.

Pfiffer: Pfeifer
Drummler: Trommler

Auf der sogenannten Schwäbischen Alb hat sich viel Sprachgut erhalten, das sogar den meisten Schwaben unzugänglich ist, in der benachbarten Schweiz jedoch bestens zur Verständigung taugt. Vielleicht wäre es deshalb richtiger, von einer der Schweiz vorgelagerten Sprachinsel auszugehen und die raue Alb statt Schwäbische besser Alemannische Alb zu nennen?

Die Gleichsetzung der Alamannen, so Dieter Geuenich, »mit den Sueben (›Schwaben‹), die in früh- und hochmittelalterlichen Quellen begegnet, ist erst ab dem 6. Jh. überliefert; vorher scheint man mit diesen beiden Namen verschiedene Völkerschaften bezeichnet zu haben«. Sicher haben sich diese Völker vermischt. Auffällig bleiben aber die für fremde – und eben insbesondere auch schwäbische – Ohren oft sperrig tönenden Ausdrücke der Älbler (siehe Glossar!).

Beim Pflügen der Felder wird fast immer die Felsschicht angekratzt. Steinbrocken werden nach oben befördert und müssen mühevoll wieder abgelesen werden.

Sei der Haushalt noch so arm – der Gaumen schreit nach Abwechslung. Eine Zutat ausgewechselt, Grieß statt Mehl, und ein bisschen mehr Zeit braucht es, schon bekommt man eine neue Suppe.

Brennda Griaßsupp

3 Esslöffel Fett,
6 Esslöffel Hartweizengrieß,
1 1/2 Liter Wasser,
Salz.

Den Grieß im Fett hellgelb anrösten, ablöschen und 20 Minuten köcheln lassen.

Eine Riebalessupp hingegen ist schon etwas ganz Besonderes, und meistens hat man gar keine Zeit für ihre Zubereitung. Wenn aber doch – eher im Winter, wenn man nicht auf den Acker muss und auch das Stoiglauba endlich ein Ende hat –, dann geht sie so:

Riebalessupp

Nudelteig,
1 1/2 Liter Fleisch- oder Knochenbrühe,
eventuell etwas Salz,
eventuell 1 Esslöffel Fett, Petersilie.

Erst einmal müssen die Riebala da sein. Man stellt einen Nudelteig (*siehe Seite 103*) *her, für dessen Zubereitung man besonders wenig Wasser verwendet und der deshalb sehr fest wird. Den Teig schabt man über ein Reibeisen. Die so entstehenden Riebala lässt man auf einem Papier oder einem Tuch 20 Minuten trocknen.*
Die driggnade Riebala in die leicht kochende Brühe geben, eventuell noch nachsalzen, zum Schluss den Pedrleng drüberstreuen.
Man kann dia druggane Riebala auch erst in etwas Fett anrösten, dann ablöschen, salzen und weich kochen.

Während dia Riebala driggnat, noch ein Wort zum Stoiglauba für alle, die das nicht kennen. Die Krume auf der Laichinger Alb ist sehr dünn. Selbst früher, als es die großen Maschinen noch nicht gab und der Pfluag von einem Gaul oder vielleicht zwoi Kiah gezogen wurde, war es nicht zu vermeiden, dass die Pflugscharen

brennda Griaßsupp: gebrannte Grießsuppe
Stoiglauba: Steinelesen
Riebala: winzige Teigwürstchen – hingegen Riebale: Anschnitt, Rest vom Brotlaib. Und der »Riebel« (auch »Meggl« oder »Greed«) ist der Kopf.
driggnade: getrocknete
druggane: trockene
driggnat: getrocknet
Pfluag: Pflug
zwoi Kiah: zwei Kühe

Steinbrocken aus der direkt darunter liegenden Felsschicht nach oben beförderten.

Mit so einem Stoiriegel als Acker bleibt einem nichts anderes übrig, als nach dem Pflügen tage- oder wochenlang die Steine von der Erde abzulesen, sie in einen Eisenkorb zu legen, und wenn man ihn grad no herret, ihn an die Seite zu schloifa und ihn dort auszuleeren. Die meisten dieser Steine kann man mit einer Hand aufheben, aber es gibt auch genug Breggl, zu denen man beide Hände braucht. Ein Saugschäft, sich da ganza Daag bucka ond no au no dia schwere Stoi.

Wenn's jemand mit dieser Arbeit nicht so genau nimmt, kann sein Ansehen schon etwas Schaden nehmen. Sagen wird vielleicht niemand etwas, aber auch ein Acker soll ordentlich aussehen. Vor allem weil dort, wo Steine liegen, nichts wachsen kann und die weitere Bearbeitung erheblich erschwert wird.

Sollten tatsächlich einmal ein paar Wegga allbacha werden – was eigentlich ja gar nicht möglich ist und, wenn doch, leicht als ein Zeichen von Iblhausegkoit verstanden werden könnte –, dann ist es keine Frage, dass die Wecken nicht etwa in den Seikiebl wandern, sondern selbstverständlich in der Küche Verwendung finden, zum Beispiel in einer

Weckschnittasupp

3 bis 4 allbachane oder schao bähate Wegga,
1 1/2 Liter Brühe,
Schnittlauch,
Petersilie, vielleicht Maggikraut oder sonstige Kräuter,
eventuell 1 Ei.

Die Brötchen in dünne Scheiben schneiden und dann bäha, das heißt im Brootraur goldgelb und knusprig anrösten. Erst kurz vor dem Auftischen mit kochender Brühe übergießen und die Kräuter drüberstreuen.
Wer will und hat, kann ein Oi vrkleppra und es leicht einrühren.

Ma ka et boides hau,
da Wegga ond da Greizr.

Stoiriegel: sehr steiniger Acker
grad no: gerade noch
herret: schafft
schloifa: tragen
Breggl: Brocken
Saugschäft: harte Arbeit
da ganza Daag bucka: den ganzen Tag bücken
ond no au no: und dann auch noch
dia schwere Stoi: die schweren Steine
Wegga: Brötchen, Semmeln
allbacha: altbacken
Iblhausegkoit: schlechtes Haushalten
Seikiebel: Schweinekübel
schao: schon
bähate: angeröstete

Feiner ist die

Milchbrotsupp

3 allbachane Milchbrot,
2 bis 3 Eier,
wenig Milch,
1 1/2 Liter Fleischbrühe.

Die Milchbrote auf dem Reibeisen zerkleinern oder in kleine Würfel schneiden. Zwei Eier und eine Eierschale voll Milch (oder drei Eier) einrühren und ziehen lassen. Dann etwas kalte Fleischbrühe dazugeben.
Die Masse in siedende Fleischbrühe einrühren und fünf Minuten kochen lassen.

Reste von Schwarzbrot ergeben die wiederum völlig andere Brotsuppe, die früher oft und gern auf den Tisch kam und als vollwertiges Essen gilt. Bis ins 19. Jahrhundert gab's zum Frühstück entweder Brei oder Suppe, dabei war die Brotsuppe das bevorzugte Gericht.

Brotsupp

Allbachane Reste Schwarzbrot,
2 Liter Wasser,
2 Esslöffel Fett,
1 Zwiebel
(oder statt Fett und Zwiebel etwas Sahne),
Salz.

Das Brot in kleine Stücke schneiden und in siedendes Salzwasser geben. Eine Viertelstunde kochen lassen. Vor dem Auftischen schmelza oder ein bisschen Rahm dazugeben.
Nicht schlecht, wenn man mit a bissle Muschgertnuss abschmecken kann.
Mehr Arbeit ist es, wenn man das Brot erst in kaltem Wasser einweicht und danach ausdrückt. In einer Eibrenne dann erst Zwiebeln und vielleicht Petersilie dünsten und danach das Brot noch ein wenig mitdämpfen. Dann ablöschen und das restliche Wasser zugeben.
Wer es noch feiner haben will, kann die Suppe, wenn sie gut durchgekocht ist, durch einen groben Seiher treiben und zum Schluss Schnittlauch drüberstreuen.
Nach Belieben kann man auch eine rohe Kartoffel, eine gelbe Rübe, einen Lauchstengl oder ein Stück Sellerie mitkochen.

bäha: Brot anrösten
Brootraur: Bratenröhre
Oi: Ei
vrkleppra: verquirlen
ma ka et boides hau: man kann nicht beides haben
da Wegga ond da Greizr: das Brötchen und den Kreuzer
allbachane: altbackene
schmelza: schmälzen
a bissle: ein wenig
Muschgertnuss: Muskatnuss
Seiher: Sieb
Lauchstengl: Lauchstange

Eine Einlaufsuppe ist schon etwas Besseres. Sie hat übrigens – nicht dass jemand Angst bekommt – rein gar nichts mit der Darmtherapie zu tun, sondern hat ihren Namen von der Art der Zubereitung erhalten.

Eilaufsupp

3 Eier, 4 Esslöffel Mehl, Salz, 4 Esslöffel Wasser oder Milch, Muskat und Schnittlauch falls vorhanden, 1 1/2 Liter Wasser oder Brühe.

Aus den Eiern, dem Mehl, dem Salz und den 4 Esslöffeln Wasser oder Milch ein dünnes, glattes Doigle schlagen und dann unter Rühren in das kochende Wasser oder die Brühe einlaufen lassen. Einmal kurz aufkochen.
Wenn man keine Brühe hat und die Suppe mit Wasser kocht, kann man sie zum Schluss schmelza.
Eventuell mit Muschgertnuss abschmecken und vielleicht noch Schnittleng drüberstreuen.

Suppen aus Resten sind beliebt. Beim Weib, das fürs Kochen zuständig ist, sind sie sehr geschätzt, weil sie so wenig Arbeit machen. Und alle Münder begrüßen die Abwechslung, die diese Suppen in die Schüssel bringen!

Aibierasupp

Bleibt abbas vom Aibierabrei iebreg – vielleicht weil s'Weib schlauerweise glei a bissle mai gmacht hot –, dann verrührt man den Rest am nächsten Tag einfach mit anderthalb Liter Briah, macht das Ganze heiß – fertig.

Weit über die schwäbisch-alemannisch-badischen Landesgrenzen hinaus ist die Flädlessupp berühmt.

Flädlessupp

Dazu schneidet man einfach dia ibrage Flädla vom Vortag in feine Streifen, gibt sie in eineinhalb Liter heiße Brühe, Pedrleng darüber, hodden.

Doigle: feiner Teig
Schnittleng: Schnittlauch
abbas: etwas
Aibierabrei: Kartoffelbrei
iebreg: übrig
glei a bissle mai: gleich ein bisschen mehr
gmacht hot: gemacht hat
Briah: Brühe
Flädlessupp: Suppe mit Pfannkuchenstreifen
ibrage: übrige
Flädla: Pfannkuchen
Pedrleng: Petersilie
hodden: fertig!

Ebenso geht auch a Waffelsupp, die ganz eigene Gaumenfreuden hervorzubringen imstande ist. Die Waffelstückchen werden fast schaumig und zerschmelzen auf der Zunge regelrecht.

Waffelsupp

Oifach anderthalb Liter Brühe erhitzen, ibrage Waffla vom Vortag klein schneiden und erst direkt vor dem Auftragen in die heiße Brühe geben, Pedrleng oder Schnittleng drüber – schau feddeg.

A Mooschdsupp ischd schao abbas ganz Haufeddegs!
Man braucht dazu süßen Most, weshalb es sie nur direkt nach dem Moschda gea kaa.

Mooschdsupp

1 Esslöffel Fett,
2 Esslöffel Mehl,
1 1/2 Liter Süßmost,
1 Prise Zucker,
Reste von Waffeln oder Flädle (Pfannkuchen).

Zuerst macht man eine Eibrenne (Fett erhitzen, Mehl zugeben, etwas anrösten) und löscht diese statt mit dem üblichen Wasser mit anderthalb Litern von dem frischen Mooschd ab. Das Ganze kocht man sämig, gibt noch etwas Zucker dazu und schneidet dann entweder Waffla oder Flädla nei.

Wenn dr Mooschd abr schau zapfaräß ischd, ka ma koi Supp mai druss macha.

Waffelsupp: Waffelsuppe
oifach: einfach
Waffla: Waffeln
Schnittleng: Schnittlauch
schau feddeg: schon fertig
Mooschdsupp: Mostsuppe
ischd schao abbas ganz Haufeddegs: ist schon etwas sehr Vornehmes
Mooschd: Most
Moschda: Mosten
gea kaa: geben kann
Eibrenne: Mehlschwitze
Waffla: Waffeln
wenn dr Mooschd abr schau zapfaräß ischd: wenn der Most aber schon gärt
ka ma koi Supp mai druss macha: kann man keine Suppe mehr daraus machen

Wo die Alb am rauesten ist

Im Kapitel »Suppa« sind die extrem harten Bedingungen dieser Gegend dargestellt. Hier zu siedeln, bedeutete, extreme Not in Kauf zu nehmen. Über die Jahrhunderte hinweg ist dies so geblieben.

»Hier waren es nicht die außergewöhnlichen Ausschläge der Mortalität in Krisenzeiten, sondern das ›außergewöhnlich Normale‹ einer ständig hohen Mortalität auch außerhalb dieser Krisenzeiten ...«, schreibt Hans Medick in seiner Göttinger Habilitationsschrift, die 1996 mit dem Titel »Weben und Überleben in Laichingen 1650–1900« erschienen ist.

Fast nirgendwo in Europa war die Säuglings- und Kindersterblichkeit so hoch, wie es auf der Laichinger Alb lange zur Normalität gehörte. Medick vergleicht die Zahlen von Laichingen mit denen aus anderen deutschen und europäischen Gegenden und Städten. Laichingen erreichte über Jahrhunderte »Spitzenwerte«:

»Betrug die Sterblichkeit von Säuglingen und Kindern bis zu fünf Jahren bereits in den Jahrzehnten unmittelbar nach dem Dreißigjährigen Krieg über ein Drittel aller Lebendgeborenen, so nahm sie in den folgenden Jahrzehnten noch erheblich zu. Ab dem 4. Jahrzehnt des 18. Jahrhunderts bis zum 7. Jahrzehnt des 19. Jahrhunderts starb durchgängig mehr als die Hälfte der in Laichingen geborenen Kinder während der ersten 5 Lebensjahre, davon bei weitem die meisten unter ihnen bereits im Säuglingsalter.«

Medick zieht einen modernen Vergleich: »In Laichingen herrschte im 18. und 19. Jahrhundert unter Neugeborenen und Kindern bis zu fünf Jahren eine Sterblichkeit, welche etwa diejenige in einer nordostbrasilianischen Slumvorstadt des 20. Jahrhunderts noch übertraf.«

Die Familie eines Schusters zu Beginn des 20. Jahrhunderts vor ihrem strohgedeckten Haus

Suppa: Suppen

Es konnte jedoch nicht nur das Klima allein sein. Zeitgenössische Beobachter, deren Schriften Medick auswertete, erkannten bereits andere maßgebliche Ursachen.

Ein hartes Urteil fällt Gustav Rümelin, der auf »Härdfeld und Heuberg« verweist, die ebenfalls zu den »rauhesten und wasserärmsten Theilen der Alb« gehören. Man werde, so Rümelin, deshalb vergeblich fragen, warum dort »die Kindersterblichkeit wieder eine günstigere ist, und wird schließlich schwerlich irren, wenn man wenigstens einen der wichtigsten Factoren in den Handlungen und Unterlassungen der Menschen, in einer verkehrten Behandlung, in unmotivierter Entziehung der mütterlichen Nahrung, in abergläubischen Meinungen und Gewohnheiten, kurz in einem Mangel einer verständigen, sorgfältigen und gewissenhaften Pflege sucht.«

In der »Behandlung der Kinder nach der Geburt« sieht ein unbekannter Autor – Medick vermutet, ein Pfarrer eines Dorfes der Ulmer Alb – sogar die »einzige Ursache« für die hohe Sterblichkeit. Er beklagt, dass kein sauberes Wasser zum Waschen und Baden der Kinder verwendet werde und dass sie unhygienisch gewickelt würden. Vor allem ernähre man die Kinder bereits unmittelbar nach der Geburt mit Brei, statt sie zu stillen.

Bei Friedrich Nicolai stößt Medick auf ähnliche Kritik. Als Nicolai durch die Ulmer Gegend reist und dabei die sozialen Zustände beschreibt, führt er die Ursachen der hohen Säuglingssterblichkeit zum einen auf die »Ungeschicklichkeit der Hebammen« zurück und zum anderen auf das »heillose Verfuttern« der Neugeborenen. Insbesondere kritisiert er den »Mehlbrey«, der »in Schwaben für Kinder und Erwachsene viel zu viel« sei.

Ein Beobachter aus nächster Nähe war Carl Friedrich Rüdiger, Pfarrer in Pappelau, unweit von Laichingen. Auf Veranlassung der »Diöcesan-Synoden« verfasste er 1868 einen Bericht zur hohen Kindersterblichkeit und Vorschläge zur Abhilfe. Rüdiger konnte sich nicht vorstellen, dass »das eisstarrende und nebelumhüllte Island, daß die unterirdischen Rauch- und Schmutzhütten des Lappländers dem neugeborenen Leben immer noch gedeihlicher sein sollen« als die Alb. Vielmehr würden die Kinder auf der Alb falsch ernährt und schlecht gepflegt. Es werde gar nicht oder nur sehr kurz gestillt. Stattdessen werde Mehlbrei gefüttert, bekämen die Säuglinge kalte,

In ärmlichen Haushaltungen wurden die Kinder ab dem Schulalter ganz selbstverständlich zur Arbeit in der Landwirtschaft herangezogen.

nicht entfettete Kuhmilch, Wasser und Zuckerwasser, Anistee und Gerstenkaffee zu trinken.

Es sei jedoch nicht allein die falsche Nahrung, die zum Tod der Kinder führe. Diese sei vielmehr nur eine Folge tiefsitzender Einstellungen und Gewohnheiten. Deren Kern sei die indifferente Einstellung der Eltern – auch der Mütter – gegenüber den Neugeborenen: »Es herrscht bei uns ein tiefgehender Mangel an Werthschätzung des Kinderlebens, eine unnatürliche Gleichgiltigkeit gegen dasselbe, welche schon seit langer Zeit sich eingenistet hat. Es ist altes Herkommen, so und nicht anders, gegen die kleinen Kinder zu verfahren ... dieses Herkommen ist es, wodurch die Stimme der Natur im Elternherzen unterdrückt wird, wodurch die Sterblichkeit der zarten Kinder auf einen so hohen Grad gesteigert worden ist.«

Hans Medick merkt einschränkend dazu an, dass dieser Pfarrer bestimmt Normen aus der eigenen »bürgerlichen« Lebenswelt »dem kritisierten Verhalten der Landbewohnerinnen« als »natürlich« gegenüberstelle. So werde »die besondere Arbeitslast und -intensität der Frauen und Mütter in ihren nachteiligen Folgen für das Stillverhalten und generell für die Pflege der Neugeborenen zwar erwähnt«, doch weniger »auf die Zwangslage der Lebensbedingungen und Überlebensnotwendigkeiten« als vielmehr auf einen »übergroßen Arbeitstrieb« der Frauen auf dem Lande zurückgeführt.

Der »nüchterne« und mit »unideologischem Tenor« 1887 abgefasste Bericht eines Pfarrers aus Machtolsheim, das in direkter Nachbarschaft zu Laichingen liegt, bewegt sich nach Ansicht Medicks »näher an den Lebens- und Arbeitsverhältnissen der von der hohen Sterblichkeit ihrer Kinder betroffenen Frauen und Männer, näher aber auch an den Einstellungen und der Mentalität, mit der dieser Erfahrung begegnet wurde«.

Frauen mußten sehr häufig das Bauernwerk im Stall und auf dem Feld alleine bewältigen, besonders wenn die Männer am Webstuhl saßen.

Dieser Pfarrer schreibt: »Das Familienleben ist wesentlich durch die äußere Gegebenheit gemeinsamer Arbeit zusammengehalten, die Frau ist der arbeitende, kurz der leidende Teil in der Ehe. Der Mann wälzt viele Arbeiten auf die Frau über, ohne sie gebührend zu schonen und an seinen eigenen Freuden teilnehmen zu lassen ... Der Tod der Kinder, welche den Kampf ums Dasein und die Gefahr mangelhafter Wohnungsverhältnisse und unruhiger Pflege nicht überstehen, wird selten geklagt. Die Kinder sind (dann) aller Arbeit und Mühsal enthoben ... Das Kind ist innerhalb der ersten Lebensmonate Gegenstand stillen Zuwartens, ob es wohl im rauhen Boden dieser Welt Wurzel schlägt oder abstirbt.«

Medick sieht darin »mentale Dispositionen und Verhaltensweisen, die weniger in einer prinzipiellen Gleichgültigkeit der Eltern gegenüber ihren neugeborenen Kindern wurzeln, sondern eher in einem Wissen um die Überlebensunsicherheit der Neugeborenen und einer besonderen kulturell-religiösen Verarbeitung dieses Wissens«.

So war es völlig selbstverständlich, dass sich die Frauen voll und ganz der schweren Arbeit in der Landwirtschaft zuwandten. Die nötige Zeit für die Pflege der neugeborenen Kinder blieb somit nicht.

Medick zitiert dazu Carola Lipp: »Unter diesen Umständen waren Kinder – solange sie noch klein waren und von der Versorgung der Mutter abhängig – zuerst einmal ein zusätzliches ›Geschäft‹, Mehrarbeit, und wurden wohl auch vorrangig als eine solche Belastung empfunden. Da den Frauen ja wirklich oft die Zeit fehlte, sich um die Kinder zu kümmern, waren sie bestrebt, den Zeit- und Arbeitsaufwand hier möglichst gering zu halten.«

Generell stellt Hans Medick mit seinen Untersuchungen der Statistiken fest, dass die Säuglingssterblichkeit in Laichingen immer dann besonders zunahm, wenn die Arbeitsbelastung der Frauen extrem hoch war.

Dies war insbesondere in den kleinen Weberhaushalten der Fall, in denen die Frau einen Großteil der Landwirtschaft allein zu bewältigen hatte, während der Mann am Webstuhl saß und in denen an die Beschäftigung von Knechten oder Mägden nicht zu denken war. »Deutlich werden die Folgen der Arbeitsbelastung der Mütter für die Säuglingssterblichkeit auch aus der Verteilung der Todesfälle

Bauernfamilie zu Beginn des 20. Jahrhunderts mit ihrem Kuh-Gespann. Der Mann trägt das typische Blauhemd und eine Zottelkappe.

im Jahresverlauf: Die Säuglingssterblichkeit erreichte ihren höchsten Wert im September, zu einem Zeitpunkt, als die Gefahr der Sommerdiarrhöen für die Neugeborenen vorüber war, aber die Ernteanforderungen alle Arbeitsenergien der Mütter in Anspruch nahmen.«

Im Unterschied zu klimatisch günstigeren Orten kommt in Laichingen ein zweites Sterblichkeitshoch im Februar und März dazu, laut Medick »ein deutliches Indiz für den Einfluß, den extreme winterliche Klimabedingungen und in ihrem Gefolge Atemkrankheiten an diesem Ort der ›Rauhen Alb‹ auf die Säuglingssterblichkeit hatten«.

Dies waren allerdings nur die Gipfel einer »ohnehin hohen Sterblichkeit«, die sich über das ganze Jahr erstreckte.

Die meisten Kleinkinder, die im ersten Lebensjahr starben, fanden in den ersten Wochen nach der Geburt den Tod. Wären die Säuglinge gestillt worden, dann wären sie in dieser Zeit gegen Infektionskrankheiten – besonders des Darms – geschützt gewesen.

Besonders den Frauen war die körperliche Überlastung anzusehen.

Frauen mit Kindern bei der Getreideernte

Medick resümiert, dass die Ursachen der hohen Säuglingssterblichkeit in Laichingen »in von Menschen gemachten Lebensverhältnissen und -bedingungen« zu suchen sind, wobei er jedoch nicht »direkte und gezielte menschliche Einflußnahmen« meint. »Ausschlaggebend dürfte vielmehr die soziale Zwangssituation eines Überlebens, aber auch deren Prägung durch kulturelle Gewohnheiten und Bräuche gewesen sein.«

Im fehlenden Stillen und der »Ernährung der Neugeborenen mit dem von den zeitgenössischen Beobachtern viel gescholtenen Mehlbrei« sieht Medick eine »kulturelle Bewältigung einer sozialen Zwangssituation«, mitbestimmt »vom unvermeidbaren Arbeitsaufwand der Frauen nach der Geburt«.

Medick verweist zum einen darauf, dass damals ein Neugeborenes noch nicht so ganz als Mensch betrachtet wurde, und zum anderen auf Einstellungen, die »vom Pietismus religiös überformt« wurden,

Es ist eine Frau, die die schweren Garben eine nach der anderen auf den Wagen stemmt.

»besonders von seiner Vorstellung vom Tod als ›nur eine(r) Nebensache‹ (Johann Albrecht Bengel) und von der gesegneten Himmelfahrt unschuldig gestorbener Kinder, die besser ›weggenommen‹ würden als den ›Lüsten der Welt‹ anheimfallen sollten«.

»Daß der den Neugeborenen auch in Laichingen vom 17. bis zum 19. Jahrhundert bald oder unmittelbar nach der Geburt verabreichte ›Mehlbrei‹ als ›Mordbrei‹ im Sinne einer ... gezielten ›postnatalen Geburtenkontrolle‹ gemeint gewesen sein könnte«, wie es von Medizinern und Pfarrern des 19. Jahrhunderts teilweise unterstellt worden sei, dafür konnte Medick keine Hinweise finden.

Bei dem von den Zeitgenossen als »Mehlbrei« Bezeichneten hat es sich wahrscheinlich um den »Schwarzen Brei« gehandelt, der auf der Alb jahrhundertelang zur Hauptnahrung zählte. Den mehr oder weniger bitter schmeckenden, aus Muasmäahl hergestellten Brei aß man zu allen Tageszeiten. Bis heute hat sich bei Leuten, die sich der einstigen Armut bewusst bleiben, dieses Mahl erhalten. Das Muasmäahl kann man auf der Alb beim Müller mitbestellen oder bei traditionellen Bäckern holen.

Schwatzr Brei

3/4 Pfund Weizen- oder Dinkelkörner beziehungsweise Muasmäahl,
1 1/2 Liter Wasser,
1 Prise Salz.

Zum Schwatza Brei verwendete man vorzugsweise Weizenkörner – und bevor es Weizen gab, Koora (Dinkel). Gerste nahm man nicht so gern. Man legte die Körner auf ein Backblech und ließ sie im Ofen, bis sie angebräunt waren. Je dunkler, desto kräftiger beziehungsweise dann auch bitterer der Geschmack. Die so graischde Körner schrotete man dann in einer Handmühle; eine Kaffeemühle ging auch.
Das fertige braune Muasmäahl in kochendes Wasser eisäa. Unter Rühren etwa 20 Minuten köcheln lassen und salzen.
Verfeinern kann man den Brei mit ein paar Esslöffeln Milch. Oder man schmelzt in einer Pfanne einen Zwiebel, den man dann auf den Brei gibt.

Wer et will, hot kheet,
ond wer kheet hot, braucht nex mai!

Muasmäahl: Schrot aus gerösteten Weizen- oder Dinkelkörnern
Koora: Dinkel
graischde: geröstete
eisäa: einstreuen
schmelzt: schmälzt
einen Zwiebel: eine Zwiebel (im Dialekt mask.)
wer et will, hot kheet: wer nicht will, hat schon gehabt
ond wer kheet hot: und wer schon gehabt hat
braucht nex mai: braucht nichts mehr

In früheren Jahrhunderten war schon das Salz, das man noch dazu gab, äußerst wertvoll und teuer. Wahrscheinlich musste der Brei auch manchmal ungesalzen gegessen werden.

Die einzige größere Straße, die in der Nähe Laichingens quer über die Alb verläuft und auf dem kürzesten Weg Reutlingen mit Ulm verbindet, führt über den »Salzwinkel«. Auf dieser Route wurde neben anderen wichtigen Handelsgütern Salz transportiert.

Die Laichinger Sankt-Albans-Kirche ist von einer 1555 erbauten Wehrmauer umgeben, auf der ursprünglich ein hölzerner Wehrgang mit Schießscharten verlief. Fuhrwerke, zum Beispiel mit Salzladungen, konnten hinter der schützenden Mauer über Nacht sicher untergestellt werden.

Mr hant 's Bacha

Mr hant 's Bacha: Bei uns ist Backtag
Begga: Bäcker
oinawäag: trotzdem
Bacherbsa: Backerbsen, eine Suppeneinlage
's Bacha: die Zeit des Backens
»Schemml macht schea!«: Schimmel macht schön
bacha: backen
hot: hat
Bachaziah: Auslosen des Backtermins
Bachweib: Frau, die für den Betrieb des Backhauses zuständig ist
Bachhaus-Ofa: Backofen im Backhaus

Neben Wasser-Suppen und Schwarzem Brei war das Brot das wichtigste Nahrungsmittel. Bis heute hat es auf der Alb einen sehr hohen Stellenwert. Man isst es zum Frühstück und in Arbeitspausen, man verwendet es für Suppen, Klöße oder Süßspeisen zum Mittagessen, und auch abends vespert man selbstverständlich Brot.

Üblicherweise wurde und wird zum Teil auch heute noch das Brot selbst gebacken, und zwar im Bachhaus. Einen Begga braucht man aber oinawäag. Bei ihm holt man zum Beispiel Bacherbsa und feine Nudeln als Suppeneinlagen oder das Muasmäahl für den Schwarzen Brei (Seite 50).

Im Winter alle vierzehn Tage, im Sommer alle acht bis zehn Tage hatte man früher 's Bacha. Im Sommer musste man öfters backen, weil sich das Brot in dieser Jahreszeit nicht so gut hält. Weil man nicht immer alles so ganz genau deichseln kann, behalf man sich notfalls mit einem Spruch, der seine Wirkung nicht verfehlen sollte. Besonders beim weiblichen Geschlecht stieß die hanebüchene Aussage »Schemml macht schea!« auf das wohlkalkulierte Interesse.

Solange man noch nichts einfrieren konnte, wurden die Brotlaibe im Keller auf einer Schanz lehnend aufbewahrt. Das war ein an der Decke mit zwei Ketten befestigtes Brettergestell, das verhinderte, dass Mäuse an das Brot gelangen konnten. Die kühle Kellerluft hielt das Brot frisch und feucht.

Bevor man das Bacha hot, muss man zum Bachaziah. Dies findet zweimal wöchentlich beim Bachweib statt. 's Bachweib leert auch die Asche im Bachhaus-Ofa. Aber anheizen und nach dem Bacha wieder alles sauber machen, tut selbstverständlich ein jedes (Weib) selbst.

Auf den Feldern baut man die Brotfrucht an, die man in die Mühle bringt, um sich das sogenannte schwarze und weiße Mehl mahlen zu lassen.

Die Prozedur des Bachaziah geht folgendermaßen vor sich:

's Bachweib fragt die anwesenden Frauen, wie viele zum Beispiel am Montag bacha want. Wenn sich dann herausstellt, dass acht Parteien am Montag backen wollen, sagt das Bachweib: »No fallet drei uff da Deischdeg nom.«

’s Bachweib beschreibt winzig kleine Zettelchen, faltet sie jeweils zweimal zusammen und wirft sie wie Würfel auf den Tisch. Jede Frau darf nun ziaga. Drei der Zettel sind leer: Die Inhaberinnen haben Pech gehabt und müssen für den Dienstags-Termin noch einmal frisch ziehen. Die anderen Frauen haben die Nummern 1 bis 5 erhalten, was die Back-Reihenfolge angibt. Wer ein für sich von der Zeit her ungünstiges Los gezogen hat, kann jetzt versuchen, mit einer anderen Frau zu tauschen.

Das Auslosen der Backzeiten war früher ein festes Ritual.

Bachweib: Frau, die für den Betrieb des Backhauses zuständig ist
bacha: backen
want: wollen
no fallet drei uff da Deischdeg nom: dann rutschen drei auf den Dienstag
ziaga: ziehen

Um im Bachhaus bacha zu dürfen, ist der Bachgreizr zu entrichten und, seit's 's Elektrisch geit, auch Liachtgald. Vor der Einführung des Euro musste man in Laichingen fünf Mark pro Bacha und siebeneinhalb Mark Lichtgeld pro halbem Jahr entrichten. Zu früheren Zeiten war es wirklich ein Greizr, also ein Zehnpfennig-Stück.

Bis heute wird in Laichingen im übrig gebliebenen letzten von ursprünglich drei Bachheisla das von keinem Bäcker nachzuahmende Brot gebacken. A Schwatz hauptsächlich, a Weiß – ond a Blatz. Früher bloß gega Weihnachda au Zuggrgraaz und 's Schnitzbrot.

A Schwatz

500 Gramm Sauerteig vom letzten Backen, 25 Kilogramm Weizenmehl, niedriger Ausmahlungsgrad, etwa 40 geschälte Kartoffeln, 6 Würfel Hefe, 500 Gramm Salz, lauwarmes Wasser.

Um gesäuertes Brot herzustellen, braucht man zunächst einmal einen Hefel. Den besaß zu früheren Zeiten nicht jede Familie, sondern nur eine innerhalb einer ganzen Nachbarschaft. Dieser Familie gehörte dann auch der Scherba, ein spezielles irdenes Gefäß, in dem der Hefel im Keller kühl aufbewahrt wurde.
Wusste man also, wann man dran war mit dem Backen, galt es, sich rechtzeitig den Hefel zu besorgen. Der konnte entweder bei derjenigen Familie sein, die als Besitzer galt, oder man erfuhr dort, wo der Hefel gerade war.
Zwei Stunden vor dem Backen muss man ahafa. Dazu nimmt man einen halben Zentner Schwarzmehl. Vorher hat man schon einen Kessl vool Aibiera gsotta, die man jetzt durre und ins lauwarme Wasser druggt. Mit einem Schnaibäasa schlägt man, bis es aussieht wie ein sehr dünner Aibierabrei.
In das Mehl macht man eine Mulde. Da hinein gibt man den Hefel und die zubereiteten Aibiera und macht jetzt mit etwas Mehl einen Vorteig, über den man dann noch sechs Würfel Hefe vrbreggalat.

Bachgreizr: Backkreuzer, Entgelt für die Benützung des Backhauses
seit's 's Elektrisch geit: seit der Elektrifizierung
Liachtgald: Lichtgeld
Greizr: Kreuzer, kleine Münze oder kleiner Geldbetrag, Zehnpfennig-Stück
Bachheisla: Backhäuser
a Schwatz: Schwarzbrot
a Weiß: Weißbrot
a Blatz: großer Backhauskuchen
gega Weihnachda: in der Adventszeit
au: auch
Zuggrgraaz: Hefezopf
's Schnitzbrot: Früchtebrot
Hefel: Sauerteig vom letzten Backen (als Ferment)
Scherba: Tontopf
ahafa: anhefen
Kessl: Kessel
vool: voll
Aibiera: Kartoffeln
gsotta: gesiedet
durre druggt: durchdrückt, hier: durch eine Kartoffelpresse
Schnaibäasa: Schneebesen
Aibierabrei: Kartoffelbrei
vrbreggalat: zerbröckelt

Über den Mehlrand verteilt man ein Pfund Salz, oder man gibt es später dazu, jedenfalls soll es noch nicht in den Vorteig.
Nach etwa zweieinhalb Stunden wird nun mit den Händen der Teig geknetet, etwa anderthalb Eimer lauwarmes Wasser wird man dazu brauchen und nach und nach zugeben.
Dieses Gnäeda ist übrigens eine sehr anstrengende Arbeit, a Saugschäft, und selbstverständlich Frauensache. Gnäeda wad, bis die Hände einigermaßen sauber bleiben, dann ist der Teig fertig.
Vorher holt man aber mit einer Scherr noch alles vom Rand der Muald weg, was dort aghengt hot.
Wasser, in dem man den Scherba ausgespült oder die Hände vollends von Mehl- und Teigresten befreit hat, wird keinesfalls weggeschüttet, sondern entweder gern de Kiah gegeben oder man leert es in den Seikiebel.
In den fertigen Teig macht man zum Schluss mit der Scherr vier Kreuze, was bedeutet: Gott-segne-dieses-Brot. Ein Kreuz für jedes Wort. Diese Kreuze bleiben, auch wenn der Teig gegangen ist, sichtbar.
Bevor man den Teig gehen lässt, nimmt man den Hefel weg, fürs nächste Bacha.
Damit der Teig geht, stellt man ihn nun eine Stunde lang warm. Und damit er keinen Zug bekommt, deckt man ihn mit einem Duach zu.
Während dr Doig goht, zuit ma 's Bruggawägele voola Bischla ens Bachhaus. Sechs bis acht Bischla pro Bacha waren früher normal.
Heute braucht man oft sehr viel mehr, weil nur noch wenig gebacken wird und der Ofen deshalb oft eiskalt ist. Um kräftig anzuheizen, nimmt man dann auch gern noch brieglagare Bischla drzua.
Der Ofen im Bachhaus hat nicht etwa zwei Kammern, eine für das Brennmaterial und eine für das Backgut, sondern nur eine einzige.
Man schiebt zuerst die Reisbischla in den Ofen, und no wat azonda.
Wenn das Reis verbrannt ist, muss man vrdracha, das heißt, man muss die Glut gleichmäßig verteilen. Dies macht man mit einer Gruck. Wenn die Glut dann vollends verganga ist, kratzt man die Asche mit der Gruck zusammen und schiebt sie ins vorne im Backofen befindliche Ofenloch. Dann nimmt man einen Rupfen, der ganz nass sein muss, und legt ihn über die Gruck. So putzt man jetzt die Asche raus. Der Rupfen muss dazu mehrmals zwischendurch in den Wassereimer.
Jetzt wird der Doig eigschossa. Dazu braucht man einen Kübel kaltes Wasser und die an einem über zweieinhalb Meter langen Stiel befestigte Eiloibschissl. Man sollte zu zweit sein beim Ein-

gnäeda: kneten
a Saugschäft: eine sehr anstrengende Arbeit
wad: wird
Scherr: Schaber
Muald: Backtrog
aghengt: angeklebt
Scherba: kleiner Steingut-Topf
de Kiah: den Kühen
Seikiebel: Schweinekübel
Duach: Tuch
dr Doig goht: der Teig geht
zuit ma: zieht man
's Bruggawägele: ein kleiner Holzwagen mit großen Rädern, daher relativ hoch, quasi ein fahrbarer Tisch
voola: voller, voll mit
Bischla: Reisigbüschel
ens Bachhaus: ins Backhaus
brieglagere Bischla namma: Reisigbüschel mit dickeren Zweigen verwenden
Bachhaus: Backhaus
Reisbischla: Reisigbüschel
no wat azonda: dann wird angezündet
Reis: Reisig
vrdracha: gleichmäßig verteilen
Gruck: Backhausgerät: halbrundes Brett, im rechten Winkel zum mindestens zweieinhalb Meter langen Stiel stehend

schießen. Eine Person holt mit nassen Händen den Teig aus der Muald, formt einen Loib und gibt ihn in die Eiloibschissl. Die zweite Person schießt ein. Dazwischen muss das Gefäß jedes Mal ausgewaschen werden, damit nichts hängen bleibt.

Wenn zwei Parteien miteinander backen, werden die Laibe gezeichnet, entweder man legt kleine Reisstackale auf den Boden der Doigschissl oder Zwatschgaschdoi. Darauf setzt man dann den Teig. Beim Einschießen, wenn man die Schüssel auskippt und den Teig in den Ofen setzt, kommt die Markierung dann automatisch auf die Oberseite.

Hin und her werden die Reihen von hinten nach vorne vollgesetzt. Nach einer Stunde muss man prüfen, ob das Brot fertig ist. Dazu holt man einen Laib aus dem Ofen, fasst ihn mit dem Schurz, weil der Laib ja sehr heiß ist, und horcht auf den Klang, während man mit einem Finger an seinen Boden klopft. Es gibt noch eine andere Methode, die martialisch scheint, aber von denen, die sie praktizieren, als völlig unproblematisch geschildert wird. Hier nimmt man das Brot, wieder mit dem Schurz oder auch mit Zeitungspapier, und legt es sich mit dem Boden auf den Nasenrücken. Wenn's brennt, ist das Brot noch nicht fertig. Wenn es dagegen fertig ist, schmerzt es nicht und tut der Nase überhaupt nichts, obwohl man das Brot mit den Händen noch nicht anfassen kann.

Ist es also fertig – egal wie man das nun festgestellt hat –, dann kommt noch etwas ganz Wichtiges: Mit dem Scheifale holt man die Laibe nach vorne und streicht sie mit einem Aschdreichbischdle mit Kaltwasser an. Dann schiebt man sie kurz noch einmal in den Ofen, wo jetzt ein wunderbarer Glanz auf den Broten entsteht.

verganga: erloschen
Rupfen: aus grobem Sackleinen gefertigter Lumpen
Doig eigschossa: Teig eingeschossen
Eiloibschissl: Backhausgerät: runde Holzschüssel an einem langen Stiel, mit der man den Teig an den gewünschten Platz im Ofen setzt
Muald: Backtrog
Loib: Brotlaib
Reisstackale: ungefähr sechs bis sieben Zentimeter lange Zweigteile aus dem Reisig
Doigschissl: Teigschüssel
Zwatschgaschdoi: Zwetschgenstein(e)
Scheifale: Backhausgerät: eine Art Brett an langem Stiel
Aschdreichbischdle: Backhausgerät: Bürste zum Brotanstreichen

Schwarzbrot
macht die Wangen rot.

Eine schweißtreibende Arbeit bis 50 Pfund Mehl mit Kartoffeln und Wasser zu einem glatten Teig verschafft sind.

Nach und nach kommt Wasser dazu.

Das Kneten des Teigs

Der Teig wird mit vier Kreuzen gezeichnet: »Gott segne dieses Brot!«

Im Scherba wird der Hefel aufbewahrt.

Laichinger Backhaus

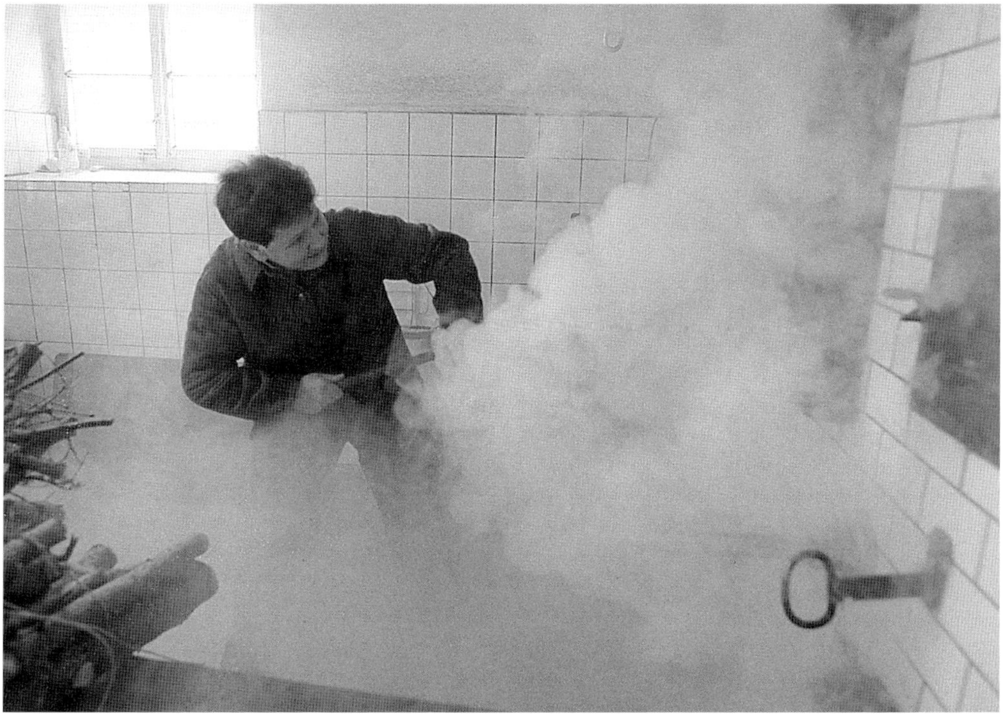

Der Backhaus-Ofen wird mit Reisig angeheizt.

Wenn der Ofen kalt ist, dürfen es auch dickere Äste sein.

Bevor der Kamin sich erwärmt, qualmt es ordentlich

Hoppla, der Teig muß aufgehalten werden, sonst ist er schneller als das Feuer im Backhaus-Ofen.

Fertiger Teig

Mit einem nassen Rupfen wird der Ofen ausgewischt.

Der Rupfen muß mehrmals ins kalte Wasser.

Man muß schon etliche Male wischen, bis die Asche aus dem Ofen so gut wie entfernt ist.

Der Teig wird portioniert.

Die einzelnen Teigportionen kommen in die Einlaib-Schüssel.

Mit der Einlaib-Schüssel wird der Teig in den Ofen eingeschossen.

Bis das Brot fertig ist, wird gleich das Back-Geschirr gewaschen.

Blick in den bestückten Backhaus-Ofen.

Die Brote sind aufgegangen.

Kurz bevor sie fertig sind, werden die Brotlaibe herausgeholt und mit Wasser bestrichen.

Anfassen kann man das heiße Brot nicht, aber mit dem Nasenrücken prüft man, ob es fertig ist.

Schließlich werden die Brote zum Abkühlen aufgestellt.

A Weiß

5 Kilogramm Weizenmehl, hoher Ausmahlungsgrad,
2 Würfel Hefe,
1 Kaffeelöffel Zucker,
etwa 2 Liter Milch,
eine Hand voll Salz.

Der »weiße Teig« wird vor dem »schwarzen« geknetet und das Weißbrot kommt auch vor demSchwarzbrot in den Ofen.
Für einen weißen Teig nimmt man zehn PfundWeizenmehl, in das man eine kleine Mulde macht.
Zwei Würfel Hefe rührt man in einer Tasse mit etwas Zucker und ein bisschen lauwarmer Milch an – damit macht man nun mit etwas Mehl in der Mulde einen Vorteig.
Eine Hand voll Salz schüttet man auf den Mehlrand.
Nach etwa einer Viertelstunde wird der Teig mit lauwarmer Milch, die man nach und nach zusetzt, geknetet. Dann lässt man ihn eine Stunde gehen.
Einen Teil dieses Teiges nimmt man nun weg für das Blatz.
Der Rest wird mit der Eiloibschissl eigschossa wie oben beim Schwarzbrot beschrieben.

Drei Sorten von Blatz kennt man: a Epflblatz, a Dreiblesblatz und a Zwatschgablatz.

Epflblatz

Weißbrotteig, Menge je nach Blechgröße,
Äpfel, je nach Blechgröße,
zwei Hände voll geriebenes Schwarzbrot,
zwei Hände voll Zucker.

Mit nassen Händen nimmt man den Weißbrotteig (siehe oben) und drückt ihn in ein großes, rundes oder viereckiges Blech.
Man schneidet die – selbstverständlich ungeschälten! – Äpfel in Schnitze und verteilt sie entweder kreisförmig oder in Reihen hintereinander auf dem Teig. Die Braisala aus geriebenem Schwarzbrot vermischt man mit Zucker und streut sie dann gleichmäßig über die Epflschnitz.

a Weiß: Weißbrot
das Blatz: großer Backhauskuchen
Eiloibschissl: Backhausgerät: runde Holzschüssel an einem langen Stiel, mit der man den Teig an den gewünschten Platz im Ofen setzt
eigschossa: eingeschossen
Epflblatz: Apfelkuchen
Dreiblesblatz: Kuchen mit roten Johannisbeeren
Zwatschgablatz: Zwetschgenkuchen
Braisala: Brosamen aus geriebenem Schwarzbrot
Epflschnitz: Apfelschnitze

Früher zog man die schweren Teigschüsseln mit den »Bruggawägala« genannten, relativ hohen Wagen ins Backhaus.

Dreiblesblatz

Weißbrotteig (siehe oben), je nach Blechgröße, Rote Johannisbeeren, Menge je nach Blechgröße, zwei Hände voll geriebenes Schwarzbrot, zwei Hände voll Zucker.

Den Weißbrotteig in ein großes, rundes oder viereckiges Blech drücken.
Man zopfat die Dreibla aa und verteilt sie auf dem Teig. Darüber streut man mit Zucker vermischte Braisala (siehe oben).

Dreiblesblatz: Kuchen mit Roten Johannisbeeren

Braisala: Brosamen aus geriebenem Schwarzbrot

Zwatschgablatz

Weißbrotteig (siehe oben), je nach Blechgröße, Zwetschgen, Menge je nach Blechgröße, zwei Hände voll geriebenes Schwarzbrot, zwei Hände voll Zucker.

Wie beim Epflblatz und Dreiblesblatz den Teig ins Blech drücken. Man halbiert die Zwetschgen – und sammelt die Steine, die man dann trocknen lässt und aufhebt, um das Brot zu zeichnen (siehe oben) – und setzt sie auf den Teig. Entweder kreisförmig oder in Reihen hintereinander. Mit Zucker vermischte Braisala darüberstreuen.

Wenn es Weihnachten zugeht, gibt es noch zwei Besonderheiten. Dann wird außer Brot und Blatz auch Zuggrgraaz und Hutzlabrot gebacken.

Zuggrgraaz

750 Gramm Weizenmehl, weiß, 1 Würfel Hefe, etwa 1/4 Liter Milch, 1 Ei, 5 Esslöffel Schmalz, 5 Esslöffel Zucker, eventuell eine Hand voll Rosinen, Hagelzucker.

Einem Hefezopf, wie wir ihn heute kennen, ist der Zuggrgraaz sehr ähnlich. Statt etlichen Eiern wurde allerdings vielleicht nur eines genommen, Schweineschmalz statt Butter, und statt Mandelstiften oder -blättchen streute man lediglich etwas Hagelzucker auf den Graaz. Das Zuckerdraufstreuen bewirkt, dass der Zopf aufreißt, was man haben wollte.
Mit der Hefe und etwas lauwarmer Milch macht man in einer Mulde im Mehl einen Vorteig. Wenn er gegangen ist, kommen das Ei, das zerlassene Schmalz, die noch nötige lauwarme Milch und der Zucker dazu. Wenn man hat und mag, gibt man noch eine Hand voll Zibeben dazu und vermischt alles zu einem Teig.
Wenn er gegangen ist, teilt man den Teig in drei gleiche Teile, formt Stränge daraus und flicht sie auf einem bemehlten Brett zu einem Zopf. Diesen gibt man in ein gefettetes Blech, lässt ihn nochmal gehen und bestreut ihn dann mit Hagelzucker.

aazopfa: abpflücken, die Beeren vom Stiel lösen
Dreibla: Johannisbeeren
Zwatschgablatz: Zwetschgenkuchen
Epflblatz: Apfelkuchen
Zuggrgraaz: Hefezopf
Hutzlabrot: Früchtebrot
Graaz: Zopf

Schnitz- oder Hutzlabrot

2 1/2 Kilogramm Mehl, weiß,
1 Kilogramm getrocknete Birnen,
1 Kilogramm gedörrte Zwetschgen,
250 Gramm Rosinen oder Sultaninen,
125 Gramm Zucker,
30 Gramm Zimt,
10 bis 15 Gramm Anis,
5 gemahlene Nelken,
125 Gramm Hefe,
etwas Schmalz zum Einfetten des Blechs.

Hutzla und Zwatschga in leicht gesüßtem Wasser weich kochen. Die Brühe in ein zweites Gefäß abgießen Die Zwetschgen aussteinen. Die Früchte grob zerkleinern. Zibeba oder Sultaninen waschen und in Wasser kurz aufkochen.
Im Mehl mit der Hefe und einem bisschen von der warmen Schnitzbrühe, also dem Kochwasser der Hutzla und Zwatschga, einen Vorteig machen. Wenn dieser gegangen ist, die restlichen Zutaten hineingeben, mit Schnitzbrühe gut durchkneten und wieder gehen lassen. Laibchen formen und auf den gefetteten Blechen nochmals gehen lassen. Bei guter Hitze wie Schwarzbrot backen. Sobald das Schnitzbrot aus dem Ofen kommt, für einen schönen Glanz mit Schnitzbrühe bestreichen.
Beim Kochen nimmt die Schnitzbrühe die braune Farbe der Früchte an. Miserablen Kaffee bespöttelt man deshalb als »Schnitzbrüh«.

Hutzlabrot: Früchtebrot
Zibeba: Rosinen
Hutzla: gedörrte Birnen
Schnitz: zerkleinerte gedörrte Birnen oder Äpfel
Zwatschga: Zwetschgen

Beim Vesper während der Arbeit im Wald – immer mit dabei: der Gogga, ein Steingutgefäß für den Most.

Um regelmäßig zum Bacha gehen zu können, braucht man, wie gesagt, a Reis. Gegen Ende des Winters geht man deshalb in den Reisschlag. Den muss man bei der Stadt ersteigern. Weil man natürlich einen möglichst ergiebigen Schlag mit möglichst viel Reis haben will, schaut man sich vorher im Wald die einzelnen Schläge an. Die sind bezeichnet mit kleinen Pfählen, an denen eine Zahl angebracht ist. Wo sie sich befinden, wird vor der Versteigerung im Amtsblatt bekannt gegeben.

Hat man nun seinen Reisschlag ersteigert, schlägt man im Wald die kleinen Äste und Zweige von den Stämmen, bündelt sie und bringt sie nach Hause. Dort sind es dann meist die Frauen allein, die nun ihre Reisbüschel für das Bachhaus richten. Mit Axt und Hoob, einer Art Säbel mit hölzerner Handhebe, zerkleinern sie das Reis. Dann kommt es in den Bischalesdrugger, en Bendl dromrom – und fertig ist das Bischale.

Bacha: Backen
Reis: Reisig
Reisschlag: Stück Wald zum Reisig machen
Bachhaus: Backhaus
Hoob: einschneidiges Hiebwerkzeug
Bischalesdrugger: eine Art Riesenzange auf einem Holzkasten zum Zweige Pressen
en Bendl: eine Schnur
dromrom: außen herum
Bischale: Büschel

Floisch

Schäfer gehören zum Bild der Alb. Die für die Hochfläche so charakteristischen Wacholderheiden sind erst durch die regelmäßige Beweidung mit Schafen entstanden und bis heute ist die Schafhaltung hier eine Möglichkeit der Existenz – nicht jedoch die Verarbeitung der Wolle. Wolle muss, bevor sie versponnen werden kann, zuerst gründlich gewaschen werden. Die dazu nötigen Wassermengen waren nur in den Tälern vorhanden. Auch das Fleisch der Tiere scheint üblicherweise ins Unterland verkauft worden zu sein, wo Leute wohnten, die es sich leisten konnten.

Schäfer auf der Alb. Die Bauern freuen sich über den Dung, der so auf ihre Felder kommt.

Floisch: Fleisch

Schaffkiah: Arbeitskühe
Farrastall: gemeindeeigener Stall für Stiere
Farra, Hommel oder Häga: Stier

Fleisch, insbesondere Rind- oder gar Kalbfleisch, gab es für die armen Leute so gut wie nie – allenfalls Innereien oder Fleisch von der Freibank. Die meisten schätzten sich schon glücklich, wenn sie sich für den Eigenbedarf ein oder zwei Schweine halten konnten und ein paar Hennen.

Voraussetzung für die Tierhaltung war Ackerland, um die Futtermittel anpflanzen zu können. Um dieses zu bearbeiten, hielten sich Bauern, die sich kein Pferd leisten konnten, üblicherweise »Schaffkiah«. Zwei Kühe, die tagsüber vor den Pflug oder den Wagen gespannt und morgens und abends gemolken wurden.

Früher gab es gemeindeeigene Farrenställe – gegen ein Sprunggeld konnten die Bauern hier ihre Kühe den Stieren zuführen.

Gemeindeeigen war der Farrastall, wo ein oder zwei Stiere – Farra, Hommel oder Häga genannt – gehalten wurden. Gegen eine Deckgebühr, das Sprunggeld, konnten die Bauern ihre Kühe in den Farrastall bringen.

Die Kälber wurden fast immer verkauft und waren eine der wichtigsten Einnahmequellen. Hatte man ein besonders schönes Kalb

– am besten mit 'ra dopfebena Schwaatzwutz, denn je ebener der Rücken, desto mehr war es wert –, so konnte das die Haushaltskasse ganz erheblich entlasten. Ein herber Verlust war es hingegen, wenn ein Kälble eingegangen ist. Dann hieß es:

»Om en hooraga Fuaß daf ma et heila!«

Ferkel hat man sich an Ostern oder Pfingsten auf dem Viehmarkt gekauft. Bis weit in den Winter hinein hat man sie g'äst, bis sie schlachtreif waren. Gefüttert hat man den Schweinen Kleie, die man beim Mahlen als Abfallprodukt des Mehls bekommen hat und mit Warmwasser und A-Miil aus der Molkerei (siehe Seite 108) quellen ließ,

Mastkälber werden an Viehhändler oder direkt an den Metzger verkauft. Oder man bringt sie selbst auf den Viehmarkt.

mit 'ra dopfebena Schwaatzwutz: sodass man eine kerzengerade Linie über den Schwanzansatz hinaus ziehen kann
Kälble: Kalb
om en hooraga Fuaß daf ma et heila: um einen haarigen Fuß darf man nicht weinen
g'äst: gemästet
A-Miil: Buttermilch, Abfallprodukt in der Molkerei

Ein paar Hühner hält man sich zur Selbstversorgung mit Eiern.

Schrot und Kartoffeln. Und natürlich Gemüseabfälle aller Art. Gehalten hat man die Schweine meist in einem winzig kleinen Verschlag, der ans Haus oder Hausteil angebaut war. 's Metzga hatte man früher fast ausnahmslos im Winter, bevorzugt gegen Weihnachten.

Außerhalb dieser Schlachtzeit gab es immer wieder mal Innereien in Form von Läabrgnepf oder Saure Kuttla oder auch ein Huhn, wenn es nicht mehr legte. Das Fleisch einer solchen Henne ist überaus zäh. Es muss stundenlang gekocht werden, bis man es schließlich – und ausschließlich – als Suppenhuhn genießen kann.

's Metzga: das Metzgen
Läabrgnepf: Leberklöße
Saure Kuttla: Saure Kutteln

Allerdings durfte es sich nicht um die Ofenhenne handeln, die auch Rauch- oder Zinshenne genannt wurde. Aus der Münsinger Oberamtsbeschreibung geht hervor, dass es 108 solcher Ofenhennen waren, die in Laichingen im Jahr 1555 abzugeben waren. Die gleiche Quelle bezeugt diese Art von Steuer auch noch aus dem 18. Jahrhundert. Der württembergische Landesherr verlangte ein Huhn für jede Feuerstelle.

Geschlachtet hat man die Hühner auf dem Hackklotz, der ansonsten zum Holzspalten diente. Man hieb dem Huhn mit möglichst einem einzigen kräftigen Schlag mit der Hoob den Kopf ab. Auch Frauen und Kinder erledigten diese Arbeit. Meistens ist das Huhn ohne Kopf no drvoopfludrat.

A Henn

1 Suppenhuhn,
Suppengemüse,
3 Liter Salzwasser,
Suppennudeln.

Das Huhn sofort nach dem Schlachten rupfen, absengen, ausnehmen und gründlich waschen. Die Galle muss ganz vorsichtig von der Leber abgelöst werden, damit keine Gallenflüssigkeit ausläuft. Den Magen an der runden Seite aufschneiden, umstülpen und den Inhalt mit der inneren Haut entfernen.
Damit das Fleisch seine Zähigkeit verliert, muss es extrem lange in Salzwasser geköchelt werden. Da man seinen Herd aber meistens so lange gar nicht brennen hat, schon gar nicht im Sommer, stellt man den Topf einfach nach dem letzten Bacha über Nacht ins Bachhaus, das dann noch genügend Hitze hat. Morgens um vier kann man es dann herausholen und zusammen mit dem Gemüse auf dem eigenen Herd weiterkochen.
Erst kurz bevor die Henne auf den Tisch kommt, gibt man die Nudeln dazu. Bei Tisch werden das Fleisch sowie Magen, Herz und Leber verteilt.

Die Abfälle werden dann wieder den Hühnern hingeworfen, worauf sich die ganze Schar wia d'Habich drauf stürzt. Dann heißt es: Wenn die Henne wüsste, dass sie aus Fleisch und Blut ist, würde sie sich selbst auffressen ...

no drvoopfludrat: noch davongeflattert
a Henn: eine Henne
Bachhaus: Backhaus
wia d'Habich: wie die Habichte

Eine weitere Gelegenheit, unvermutet an ein Fleischgericht zu kommen, war eine Notschlachtung. Musste in irgendeinem Haus ein Tier schnell geschlachtet werden, weil es krank war oder sich etwas gebrochen hatte oder weil ein Rind im Frühling vom jungen Klee aufgelaufen und auch durch einen Stich in den Magen nicht mehr zu retten gewesen war, dann durfte das Fleisch nicht mehr in der Metzgerei verkauft werden, sondern kam auf die Freibank. Dies bedeutete immer einen bitteren Verlust für die betroffene Familie.

Nicht nur, dass man für das Fleisch in der Freibank sehr viel weniger erlösen konnte als normalerweise. Meistens sind die Unglücksfälle in der warmen Jahreszeit passiert, wenn man die Tiere dringend zum Arbeiten brauchte. Darüber hinaus musste man das Fleisch sofort verarbeiten, sollte es nicht verderben.

Liabr en guada Nochbr
als en weida Vroid.

liabr en guada Nochbr: lieber einen guten Nachbarn
als en weida Vroid: als einen entfernten Verwandten
om soondsovlt Uhr wad's vrhaua: um soundsoviel Uhr wird es (das geschlachtete Tier) zerlegt
do muaß ma au abbas holla: da muss man auch etwas holen

Innerhalb der Nachbarschaft, aber auch wenn man sich sonst mit der betroffenen Familie irgendwie verbunden fühlte, herrschte Solidarität und galt es deshalb als selbstverständlich, ein Stück Fleisch abzukaufen. »Om soondsovlt Uhr wad's vrhaua«, sprach es sich innerhalb der Nachbarschaft herum, und man beschloss, ohne zu zögern: »Do muaß ma au abbas holla.«

Für viele Haushaltungen war dies die einzige Gelegenheit, Rindfleisch zu essen, das ansonsten viel zu teuer gewesen wäre.

Allenfalls Innereien kamen auf den Tisch armer Leute.

Saure Kuttla

1 Kilogramm Kutteln (Kaldaunen),
3 Zwiebeln,
3 Esslöffel Mehl,
2 Esslöffel Fett,
Essig,
eventuell Wein,
Pfeffer,
Salz,
eventuell 1 bis 2 Lorbeerblätter,
eventuell 2 Nelken.

Saure Kuttla bieten die Metzger fertig einmal in der Woche an. Wenn man es sich leisten kann, schickt man ein Kind fort, um eine Milchkanne voll zu holen. Wenn das Geld dafür zu knapp ist, kann man die Kutteln aber auch recht einfach selber zubereiten:
Die sauber geputzten und mehrmals gründlich gewaschenen Kutteln in schmale Streifen schneiden und zusammen mit zwei Zwiebeln in Salzwasser kochen. Wenn vorhanden, gibt man ein bis zwei Lorbeerblätter und zwei Nelken dazu. Es kann mehrere Stunden dauern, bis die Kutteln sehr weich sind.
Dann macht man eine Eibrenne (siehe Seite 22), in der man eine Zwiebel dämpft. Mit Wasser oder Fleischbrühe ablöschen, etwas Essig und vielleicht auch etwas Wein dazu geben. Mit Salz und Pfeffer abschmecken.
Durchkochen lassen und dann zusammen mit den weichen Kutteln nochmal 1/4 Stunde kochen. Dazu isst man Brot.

Milz, Lunge, Euter

Innereien wie Milz und Lunge, aber auch Euter kann man in Salzwasser langsam weich kochen, dann klein schneiden und in eine herzhaft gewürzte, helle oder dunkle Soße gegeben.

Leber

1 Kilogramm Rinderleber, Milch
3 Esslöffel Fett,
4 bis 5 Esslöffel Mehl, 2 Zwiebeln,
Essig, Wasser oder Fleischbrühe, Salz.

Die Leber häuten und in Scheiben schneiden. Die Scheiben eine Stunde in kalte Milch legen, dann abtrocknen und in Mehl wenden. Die bemehlten Scheiben im Fett auf beiden Seiten gelb braten. Dazu kommen fein geschnittene Zwiebel, etwas Essig und Wasser oder Fleischbrühe. Zugedeckt alles ein bisschen dämpfen lassen. Dann nimmt man die Leber heraus. Erst danach wird die Soße gesalzen und wieder über die Leber gegeben.

Kuttla: Kutteln
Eibrenne: Mehlschwitze

Läabrgnepf

500 Gramm Rinderleber, 6 altbackene Brötchen, 1 Esslöffel Fett, 3 Eier, etliche Esslöffel Weckmehl, 2 Zwiebeln, Petersilie, Salz, Pfeffer, Muskat, eventuell klein geschnittener Speck.

Dia Wegga in kaltem Wasser einweichen, ausdrücken und ussananderzopfa, Pedrleng und Zwiebel klein schneiden und kurz miteinander dämpfen und etwas abkühlen lassen.
Die Leber durch den Fleischwolf treiben. Wegga, Zwiebel und Pedrleng mit der gehackten Leber und den Eiern vermischen, mit Salz, Pfeffer und Muschgerdnuss würzen und noch so viel Weckmehl dazugeben, dass der Teig klebrig wird und beim Kochen nicht auseinander fällt. Eventuell noch mit Speck vermengen.
Zur Probe erst nur einen der Gnepf acht Minuten lang im Salzwasser kochen. Wenn er schön wird, mit dem Esslöffel die restlichen Gnepf etwa eigroß formen und kochen.
Dazu isst man Grünen Salat oder Kartoffelsalat.

Saure Nierla

500 Gramm Schweinenieren, 1 Zwiebel, 2 Esslöffel Fett, 2 bis 3 Esslöffel Mehl, Essig, Salz, Pfeffer.

Die Nieren mehrmals in kaltem Wasser waschen, säubern und in feine Scheiben schneiden. Zwiebel klein schneiden.
Erst die Nierla und den Zwiebel in heißes Fett geben und fünf bis acht Minuten dämpfen. Mit Mehl bestreuen, ablöschen, Essig dazugeben, mit Salz und Pfeffer abschmecken und aufkochen.

Läabrgnepf: Leberklöße
ussananderzopfa: zerpflücken
Pedrleng: Petersilie
Wegga: Semmeln
Muschgerdnuss: Muskat
Gnepf: Knödel
Grüner Salat: Kopfsalat
Nierla: Nieren
den Zwiebel: die Zwiebel (im Dialekt maskulin)

Hackfleischgerichte wie Hackbrooda, Floischkiachla ond Grautwiggl sind sehr beliebt. Der dazu nötige Fleischteig setzt sich aus Fleischresten und Streckmitteln zusammen.

Fleischteig

500 bis 750 Gramm Fleischreste, 2 altbackene Brötchen, 1 Ei, 1 Zwiebel, Petersilie, 1 Esslöffel Fett, Salz, Pfeffer, Muskat.

Das Fleisch durch den Fleischwolf drehen. Dia Wegga auseinander brechen und in kaltem Wasser einweichen, dabei mit einem Teller beschweren. Zwiebel und Pedrleng klein schneiden und in Fett leicht dämpfen, ohne dass sie Farbe bekommen. Die aufgeweichten Wegga ausdrücken und ussananderzopfa. Alle Zutaten vermengen und durchkneten.

En Hackbrooda

Fleischteig (siehe oben), 1 Esslöffel Mehl, 2 Esslöffel Weckmehl, Suppengemüse (1 Stück Sellerie, 1 Lauchstengl, 2 bis 3 Gelbe Rüben, 1 Zwiebel, Petersilie), 2 Esslöffel Fett.

Aus dem Fleischteig mit bemehlten Händen einen oder zwei längliche Laibe formen, diese in Mehl oder Weckmehl wenden. Zusammen mit Suppengemüse auf beiden Seiten anbraten. Einen Kaffeelöffel voll Mehl ins Fett streuen, braun werden lassen, ablöschen und etwa eine Stunde im Ofen backen. Ab und zu die Kachel ein bisschen rütteln.

Floischkiachla

Fleischteig (siehe oben), 2 Esslöffel Fett

Aus dem Fleischteig runde Küchlein formen, etwas platt drücken und in heißem Fett schön braun ausbacken.

Hackbrooda: Hackbraten
Floischkiachla: Fleischküchlein
Grautwiggel: Krautwickel
Wegga: Semmeln
Pedrleng: Petersilie
ussananderzopfa: zerpflücken
Lauchstengl: Lauchstange
Kachel: Bratentopf

Grautwiggl

Fleischteig (siehe oben), 12 schöne Blätter Weißkraut, 1 Esslöffel Fett, Salz.

Die Krautblätter in Salzwasser halb weich kochen. Dann die dicken Rippen ein bisschen zusammendrücken und den Fleischteig auf den einzelnen Blättern verteilen. Die Blätter aufwickeln und nebeneinander in einen Bratentopf setzen. 1/4 l Wasser, Salz und 1 Esslöffel Fett dazugeben und zugedeckt 1/2 bis 3/4 Stunde weich dämpfen. Will man noch einen kräftigeren Geschmack haben, kann man die Grautwiggel zum Schluss, wenn das Wasser eingedampft ist, noch etwas anbraten.

Maultaschen sind arbeitsaufwendig und ein sehr begehrtes Gericht. Sie bergen nicht nur in ihrem Inneren etwas, was man von außen nicht sieht, nämlich Fleisch, sondern man macht erstaunlicherweise aus ein- und demselben Gericht auch gleich noch zwei Gänge!

Maultaschen

Nudelteig von 3 Eiern (siehe Seite 103), Fleischteig von 200 g Fleisch (siehe oben), 200 g Spinat, Wasser, Salz, Zwiebel oder Brosamen, Fett.

Aus Nudelteig zwei (oder vier) dünne, längliche Fladen auswellen und halb antrocknen lassen. Den Fleischteig mit dem Spinat vermengen und dann gleichmäßig auf jeweils eine Fladenhälfte streichen, die jeweils leere Seite darüber klappen und leicht andrücken. Es dürfen sich keine Luftblasen bilden. Die Ränder zusammendrücken. Mit der Kante eines dicken Tellers rautenförmige Teile aarädla.

Die Maultaschen in kochendes Salzwasser gleiten lassen. Zuerst zugedeckt, dann offen 10 Minuten lang kochen lassen.

Erst die eine Hälfte der Maultaschen in der Kochbrühe als Suppe reichen. Danach die andere Hälfte, gschmelzt mit Zwiebeln oder Braisala, diesmal ohne Brühe, aber mit Salat.

Die restlichen Maultaschen gibt's am nächsten Tag dann graischd.

Grautwiggel: Krautwickel
aarädla: abrädeln
gschmelzt: geschmälzt
Braisala: Brosamen
graischd: geröstet

Mr hant 's Metzga

»Mr hant 's Metzga« – gemeint ist damit, man schlachtet eine Sau. Dazu braucht man den Hausmetzger. Solange es noch keine speziellen Pistolen gegeben hat, wurden die Schweine mit dem stumpfen Ende der Axt totgeschlagen.

Kälber und Rinder wurden üblicherweise verkauft. Entweder der Metzger oder der Viehhändler kam ins Haus oder man brachte sein Stickle auf den Markt, um es dort möglichst vielen Interessenten zu zeigen und so vielleicht einen höheren Preis zu erzielen.

Schlachttag – dazu kommt der Metzger ins Haus.

mr hant 's Metzga: bei uns ist Schlachttag
Stickle: Stück Vieh
Schraga: Tisch mit gekreuzten Beinen
Muold: Wanne
Racha: Rechen
Mascheele: kleine Maschine
Durredreiba: Durchtreiben
Witsbaur: Wirtsbauer
griagt ma: bekommt man
Gwitz: Gewürz
a Päckle: eine Packung
Pfaffr: Pfeffer
gmahlene Nelka: gemahlene Gewürznelken
Floischbeschauer: Fleischbeschauer
Nacka: Nacken
Riasl: Rüssel
Bäckla: Backen
Schwänzle: Schwänzlein
Aora: Ohren
Bluad: Blut
Gruiba: Grieben
druggt: gedrückt
Bachschüssel: Schüssel, die normalerweise zum Backen verwendet wird
Wuuschdbendl: Schnur zum Abschnüren der Wurst

Bevor der Metzger kommt, muss man das Metzgergschirr in dem Haus abholen, wo zuletzt geschlachtet wurde. Das Geschirr besteht aus einem Schraga, das ist ein leicht gewölbter Tisch, ara Muold, ama Racha, ama Haubeil ond ama Mascheele zom Durredreiba. Bei Witsbaurs griagt ma 's Gwitz. Meistens schickt man ein Kind. Wenn das sagt: »A Gwitz zom Metzga«, erhält es dort a Päckle Pfaffr, gmahlene Nelka, Piment und so weiter.

Ist die Sau tot, lässt man zunächst das Blut aus. Es wird in einer großen Schüssel aufgefangen, in einen Eimer umgeleert und gerührt.

Die Sau wird mit kochendem Wasser überbrüht und anschließend enthaart. Diese Vorgänge finden meist im Stadel statt. Wenn das Schwein ausgenommen ist, muss man warten, bis der Floischbeschauer gekommen ist und mit einem mitgebrachten Mikroskop die Innereien auf Trichinen und andere Krankheiten untersucht hat. Die Ergebnisse werden im Schlachtschein eingetragen, den man sich zuvor hat auf dem Rathaus besorgen müssen.

In der Küche haben die Frauen inzwischen den Wäschkessel aufgeheizt, einen überaus großen Bottich, in dem normalerweise die Wäsche verkocht wird. Jetzt machen sie darin Salzwasser für das Kesselfleisch heiß. Dazu nehmen sie Stücke wie Nacka, Riasl, Bäckla, Schwänzle, Aora. Nebenher würfeln sie die Schwarten und lassen sie zu Schmalz aus. Das Bluad wird gerührt, dann gibt man die Grieben dazu. Der Metzger putzt derweil die Därme. Die Leber wird durch das Mascheele druggt, ebenso geschälte Zwiebel.

Zu dem mit den Gruiba vermischten Bluad kommt das Gwitz. Mit einem Trichter füllt man die Flüssigkeit in den gereinigten Dickdarm der Sau, der meistens in der Bachschüssel aufgewickelt wird. Mit dem Wuuschdbendl, einer besonderen Schnur, bindet der Metzger die einzelnen Würste ab.

Ebenso verfährt man mit dem Brei aus Leber, Zwiebeln und Gewürzen, der in den Dünndarm gefüllt wird.

Die Schnur der Blutwürste wird an beiden Enden befestigt, so dass eine Art Henkel entsteht, an dem man die Würste dann aufreihen kann. Die Leberwürste hingegen werden so abgebunden, dass man sie an Ketten aneinander lassen und nach Bedarf einzeln abschneiden kann.

Wenn d'Wischd soweit feddeg ond 's Kesslfloisch hussa isch, holt man sich so viel Fleischbrühe aus dem Kessel, wie man will, und füllt sie in eine große Milchkanne.

Die gefüllten Därme kommen nun in die restliche Brühe im Wäschkessel und werden gekocht. Manchmal platzt eine Wurst auf, was aber nicht schlimm ist – im Gegenteil: die Brühe, die jetzt entsteht, wird ohnehin nachher als Suppe gegessen und ist dann umso gehaltvoller.

Apropos Suppe – unter der »Metzgrsupp« versteht man nun paradoxerweise grad des, was us dr Briah rausghollat watt: Kesslfloisch, Bluadwuuschd, Läabrwuuschd.

Über diese drei Köstlichkeiten freut man sich am Schlachttag aber keinesfalls nur innerhalb der Familie. Unumstößliche Sitte ist das Ausdraga. Meistens erhalten die Kinder diesen nicht unbeliebten Auftrag. In jedes der Nachbarhäuser tragen sie dann en Dällr vool Metzgrsupp. Wenn das Kind Glück hat, erhält es vielleicht ein kleines Geldstück dafür.

Schlachtet einer der Nachbarn, bekommt man umgekehrt selbstverständlich dann au wieder a Metzgrsupp, sodass es ein ständiges Hoigeah ist.

So ein Kreislauf hat unschätzbare Vorteile. Die frischen Würste und das Kesselfleisch sind nur begrenzt haltbar. Ohne moderne Konservierungsmethoden konnte man also gar nicht alles selbst verwerten. Gab jedoch jeder jedem, verlor man nichts und hatte immer wieder ganz frisches Fleisch und köstliche, frische Würste auf dem Tisch. Zweifellos auch ein Band der guten Nachbarschaft, die ganz besonders auch in Notsituationen zum Tragen kam.

Die ausgenommene Sau wird auf den Rechen gebunden und am nächsten Tag verhauen. Als Problem gelten die Katzen, die sich von den Fleischgerüchen natürlich angezogen fühlen und die es fern zu halten gilt.

d'Wischd soweit feddeg ond 's Kesselfloisch hussa isch: die Würste soweit fertig sind und das Kesselfleisch draußen ist
Metzgrsupp: frische Würste und Kesselfleisch
grad des: gerade das
was us dr Briah rausghollat watt: was aus der Brühe entnommen wurde
Kesslfloisch: Kesselfleisch
Bluadwuuschd: Blutwurst
Läabrwuuschd: Leberwurst
Ausdraga: Austragen
en Dällr vool Metzgrsupp: einen Teller voll Metzgersuppe
au: auch
Hoigeah: Zurückgeben

Beim Verhauen der Sau am nächsten Tag fragt der Metzger dann: »Wiavl Brodastickla want'r?«, und schneidet sie entsprechend zurecht. Er zerteilt die Rippenstücke zu Koteletts und schneidet schließlich die Fleischstücke, die in den Rauch sollen.

In der Küche werden derweil die Bratenstücke in Schmalz mit Zwiebelstücken angebraten, ebenso die Knochen, was eine kräftige Sauce ergibt. Diese Knochen hinterher noch abzunagen, ist selbstverständlich, und Kindern bereitet das meist großes Vergnügen.

Dann werden die einzelnen Portionen, jeweils ein Bratenstück und genügend Soße, in Gläser gefüllt und eingedünstet. Bevor es die Möglichkeit des Einfrierens gab, war dies eine der beiden Methoden, Fleisch zu konservieren. Sollte es dann sonntags einen Brooda gea, holte man sich ein Einmachglas aus dem Keller und hatte schon ein weitgehend fertiges Essen.

Die zweite Möglichkeit, Fleisch haltbar zu machen, war das Räuchern. Eine Methode, die aufgrund des sehr beliebten Rauchgeschmacks auch ohne Not beibehalten wird, beziehungsweise inzwischen längst auch von Feinschmeckern entdeckt worden ist.

Manche alten Häuser auf der Alb haben einen offenen, besteigbaren Kamin, in den bis zu vier, fünf Säu auf einmal reinpassen. Besitzt das eigene Haus diese Möglichkeit nicht, was meistens der Fall ist, bringt man sein eingelegtes Fleisch zu den Rauchplätzen, wo man es dann gegen ein kleines Entgelt acht bis zehn Tage räuchern kann.

wiavl Brodastickla want'r?:
wie viel Bratenstücke wollt ihr?
Brooda gea:
Braten geben

Rauchfloisch

Zum Einlegen des Fleisches hat man ein Ständle im Keller, eine Art Wanne aus Steingut. Man löst zunächst Salz in warmem Wasser auf. Wenn ein rohes Ei oben schwimmt, dann ist die Lauge richtig.
Dia Floisch-Stickla kommen also ins Ständle, die Lauge wird driebergläart. Man muss darauf achten, dass das Fleisch vollständig bedeckt ist. Dazu kommen etliche Zehen Knoblauch. Dann kommt ein Duach druff, das man mit ama Schdoi beschwert.
Oogfähr noch drei Wocha hollat ma dia Schdickla raus, wäschat se aa, fassat se an en Bendl ond brengt se zom Raichra.
Den Kamin zu bestücken, ist keine einfache Sache. Vier bis fünf Fleischstücke kommen jeweils auf einen Stecken. Oben, in einer Höhe von mindestens vier Metern, weil der Rauch schon kalt sein muss, wenn er ans Fleisch kommt, gibt es ein Dierle, durch das man seine bestückten Stecken schieben und innen dann quer befestigen kann. Wer besondere Geschmacksnuancen will, der hat vielleicht noch Wacholderbeeren gesammelt und sie mit in die Lauge getan. Andere legen Wacholderzweige mit auf die Glut, sodass der Rauch entsprechend aromatisiert wird.
Jedenfalls darf während des Räucherns nur Holz verbrannt werden. Dannagruch ist besonders beliebt. Gern verwendet man deshalb auch die abgeschmückten Christbäume zum Räuchern.
Nach etwa drei Wochen ist das Rauchfleisch fertig.
Zu Hause wird es dann luftig, aber vor Mäusen und Katzen geschützt, im Gitterschrank gelagert.

Rauchfloisch: Rauchfleisch
Stand, Ständle: Bottich zur Lebensmittelaufbewahrung
Floisch-Stickla: Fleischstücke
driebergläart: darübergeschüttet
Duach: Tuch
druff: darauf
mit ama Schdoi: mit einem Stein
oogfähr noch drei Wocha: nach ungefähr drei Wochen
hollat ma dia Schdickla: holt man die Stücke
wäschet se aa: wäscht sie ab, reinigt sie von der Lauge
fasset se an en Bendl: fasst sie mit einer Schnur
ond brengt se zom Raichra: und bringt sie zum Räuchern
Dierle: kleine Tür
Dannagruch: Tannengeruch

Koi Floisch

Mit Eiern ging man besonders sparsam um. Man hatte eben nur so viele Eier, wie die Hennen legen konnten, und nur so viel Hennen, wie es dem Auslauf, den man ihnen geben konnte, entsprach und wie man Futter für sie übrig hatte.

Viele der Speisen waren fleischlos. Wo es ging, kamen deshalb wenigstens ein paar Eier hinzu. Regelrechte Eierspeisen waren eher selten. Wenn man doch einmal ein paar Eier übrig hatte, dann machte man sich a baar

Ochsaauga

6 bis 12 Eier,
Fett,
1 Prise Salz.

Ein bis zwei Eier pro Person schlägt man nebeneinander in die Pfanne mit heißem Fett. Braten, bis das Eiweiß leicht braune Ränder bekommt, salzen.
Dazu isst man Brot, Salat oder graischde Aibiera.

A baar hedde Oier hat man gern als Wegzehrung bei sich.

koi Floisch: kein Fleisch
a baar: ein paar
Ochsaauga: Spiegeleier
graischde Aibiera: Röstkartoffeln
a baar hedde Oier: ein paar hart gekochte Eier

Vrlorene Eier

6 bis 12 Eier,
2 Esslöffel Fett,
4 Esslöffel Mehl,
2 Zwiebeln,
3 Esslöffel Essig,
1 Lorbeerblatt,
1 Gewürznelke,
Wasser oder
Fleischbrühe.

Im eigentlichen Dialekt müsste dieses Gericht »Vrlaurane Oier« heißen – trotzdem spricht man es hochdeutsch aus: Es handelt sich um einen Import aus einer Kochschule.
Fein geschnittenen Zwiebel im Fett dämpfen, Mehl dazugeben und anbräunen, mit Wasser oder Brühe ablöschen. A bissle en Essig, Lorbeerblatt, Nelke und so viel Wasser oder Brühe dazugeben, bis es sämig ist.
Wenn's kechlat, ganze rohe Eier jeweils in eine Tasse schlagen und vorsichtig hineinsetzen.
Das Eiweiß schließt sich um das Eigelb, das somit nicht mehr zu sehen ist. Nach etwa vier Minuten ist das Eiweiß fest und das Eigelb wachsweich, dann sind die Vrlorenen Eier fertig.
Dazu isst man Salzkartoffeln und vielleicht Salat.

Descht no nia nex gwea,
wenn 's Oi gscheidr ischd wia d'Henn!

Zwiebel: im Dialekt maskulin
a bissle en Essig: etwas Essig
kechlat: köchelt
deschd no nia nex gwea: das war noch nie gut
wenn 's Oi gscheidr ischd wia d'Henn: wenn das Ei gescheiter ist als die Henne

Aibiera

Kartoffeln, auf der Münsinger Alb »Aibiera« genannt, sind auf der Alb zu einem Hauptnahrungsmittel geworden.

Aus den südamerikanischen Anden brachten die europäischen Eroberer die Kartoffel zunächst nach Spanien und England, von da aus kam sie nach Italien und Frankreich, und von dort gelangte sie schließlich auch in deutsche Gefilde.

In Württemberg startete die Kartoffel ihren Siegeszug zuerst bei den gerade eingewanderten Waldensern, die ihrer Religion wegen aus Frankreich vertrieben worden waren.

Im April 1701 brachte der Kaufmann Antoine Seignoret 200 Kartoffeln zu Henri Arnaud, mittlerweile Pfarrer der Waldenser-Gemeinde in Schönenberg nahe Maulbronn.

Es heißt, Arnaud habe die Knollen in seinem Garten vor dem Pfarrhaus angepflanzt und im Herbst gleich 2000 Stück geerntet. In jeden der insgesamt 15 Waldenser-Orte soll er daraufhin 100 Kartoffeln zum weiteren Anbau verschenkt haben. Seine Landsleute waren offenbar gerne bereit, ein ihnen fremdes Nahrungsmittel wie die Kartoffel auszuprobieren. Von hier breitete sich die Kartoffel als Nahrungsmittel dann in ganz Württemberg aus.

Unter Führung Henri Arnauds waren 1698 rund dreitausend Waldenser aus den französischen Alpen über die Schweiz nach Württemberg eingewandert.

Die im 12. Jahrhundert von dem Lyoner Kaufmann Petrus Waldes gegründete Glaubensgemeinschaft hat die Grundsätze »Evangelium, apostolische Armut, Laienpredigt«. Im Zuge der Reformation waren die Waldenser zum Protestantismus übergetreten. Während es im Piemont bis heute einzelne Waldenser-Gemeinden gibt, wurden sie aus Frankreich restlos vertrieben. Der französische König Ludwig XIV. hatte das Toleranzedikt von Nantes von 1598 genau hundert Jahre später, 1698, aufgehoben und sein Volk zum Katholizismus gezwungen.

Aibiera: Kartoffeln

Herzog Eberhard Ludwig, der protestantische Herrscher Württembergs, nahm die Waldenser auf. Er wies den an harte Arbeit gewohnten Bergbauern brachliegende Ländereien zu, die in seinem Herzogtum als Folge des Dreißigjährigen Krieges zu verwildern drohten.

Ortsnamen wie Groß- und Kleinvillars, Perouse, Pinache und Serres erinnern an die französischsprachigen Gründungen.

Zwar gibt es Hinweise, wonach bereits 1595, also rund hundert Jahre bevor die Waldenser kamen und mit ihnen die Kartoffel, im Garten des Grafen von »Helfstein« zu »Wisentsteig« Kartoffeln angepflanzt worden sein sollen – allerdings wahrscheinlich nur zur Zierde, der schönen Blüten wegen, oder einfach nur weil es eine neue, exotische Pflanze war. Über die nur wenige Kilometer entfernte Grenze zu Württemberg, zu dem das helfensteinische Wiesensteig damals ja noch lange nicht gehörte, schaffte es die Kartoffel – als Blume – damals offenbar noch nicht.

Auch in Preußen tat man sich schwer mit der Kartoffel. Friedrich II., der Alte Fritz genannt, versprach sich durch das neue Gewächs eine erhebliche Verbesserung der Ernährungssituation seines Volkes. Er hatte anscheinend jedoch alle Mühe, die Knolle auf den Tellern seiner Untertanen zu platzieren. Das preußische Volk war skeptisch und wollte von der Kartoffel zunächst ganz und gar nichts wissen.

Der Alte Fritz soll daraufhin eine List ersonnen haben. Er stellte Wachen um seine eigenen Kartoffeläcker ab. So entstand bei den vorbeikommenden Leuten der Eindruck, dass es sich um etwas sehr Wertvolles handeln müsse, was da herangezogen wurde. Die so geweckte Neugier führte jetzt sogar dazu, dass Einzelne versuchten, die Kartoffeln nachts von den Äckern zu stehlen. Dies lag jedoch ganz im Sinne des verschmitzten Herrschers. Er wies seine Wachen an, solche Diebstähle geflissentlich zu übersehen.

1756 machte Friedrich II. den Kartoffelanbau in seinem Land sogar zur Pflicht. Für die Alb ist von solchen Zwängen nicht die Rede. Hier etablierten sich die Aibiera, was Erdbirnen meint, auch ohne Befehl zum Nahrungsmittel Nummer eins.

Die ebenfalls aus einem Gebirge stammende Knolle hat alle Vorzüge. Sie ist, insbesondere, wenn man sie mit der Schale röstet oder

Aibiera: Kartoffeln
nomol: noch einmal
en Schuggr: ein Schwall, ein Schuss Flüssigkeit, auch: ein Stoß
drzugea: zugeben
Aibierakocha: Kartoffeln abkochen
Reeschdle: hier: Locheinsatz, Topfeinsatz aus geflochtenem Metall
de graischde: die größten
aufgäckrat: gepflügt
zwoi Kiah: zwei Kühe
Säech: Pflugmesser
Fuhre: Ackerfurche
abbas duifr naa: ein wenig tiefer hinunter
duif: tief
dass ma dia Aibiera et vrletzt hot: dass man die Kartoffeln nicht verletzt hat
Breggl: großes Stück
ausgschiddlat: ausgeschüttelt

kocht, was früher immer der Fall war, sehr vitamin- und nährstoffreich. Sie hat einen intensiven Eigengeschmack und ist in der Lage, einen so richtig satt zu machen. Und was für die Frauen unschätzbar war: Die Zubereitung von Kartoffeln ist höchst einfach und braucht kaum Arbeit.

Selbst ohne alle weiteren Zutaten stellt die Kartoffel ein vollständiges und wohlschmeckendes Essen dar. Wie andernorts auch, wird man sie wohl auch auf der Alb zunächst einfach in die verglimmende Glut gelegt und geröstet haben.

Kartoffeln sollen, damit sie nicht zerfallen, nie mit Wasser bedeckt gekocht, sondern nur mit wenig Wasser im Topf gedämpft werden. Man muss dann halt aufpassen, dass sie nicht anbrennen und ab und zu nomol en Schuggr Wasser drzugea. Selbst in einfachsten Haushalten hatte man zum Aibierakocha ein Reeschdle für den Topf, damit die Kartoffeln nicht im Wasser lagen.

Dass die Kartoffeln fertig sind, merkt man am wunderbaren Geruch, den sie dann auf einmal verströmen. Zur Sicherheit macht man noch einen Gabeltest, ob auch de graischde wirklich schon ganz durch sind. Roh, deshalb der Gabeltest, sind Kartoffeln ungenießbar.

Bei der Einführung der Kartoffel war es sogar immer wieder zu Vergiftungen gekommen, weil so mancher die hochgiftigen grünen Früchte über den Blättern der Pflanze gegessen haben soll statt die im Boden versteckten Knollen. Alles, was grün ist an der Kartoffel, ist giftig. Deshalb soll man auch grüne Stellen an Knollen reichlich ausschneiden, und zwar bevor man sie kocht.

Aus demselben Grund soll man ja auch bei Tomaten, ebenfalls aus der Familie der Nachtschattengewächse, den kleinen grünen Teil der Stelle, wo sie mit dem Stiel verwachsen waren, entfernen.

Aufgäckrat wurde der Kartoffelacker, bevor es die modernen Landmaschinen gab, im Herbst mit dem Pflug, vor den man üblicherweise seine zwoi Kiah spannte. Damit die Kartoffeln nicht zerschnitten wurden, entfernte man dazu die Säech, die normalerweise die Fuhre anschneidet. Außerdem ging man abbas duifr naa, so duif, dass ma dia Aibiera et vrletzt hot. So wurden die Breggl nach oben befördert, Kraut, das noch im Boden steckte, wurde ausgschiddlat.

Man pflügte immer nur so viel, wie man dachte, dass man an einem Tag auflesen konnte. Danach band man die Viecher an den Wagen und gab ihnen etwas mitgebrachtes Heu.

Jede Person stellte sich dann zom Aibieraglauba in einen anderen Roiha, ausgerüstet mit einer Hacke und zwei Körben, oin fr de grauße Aibiera ond oin fr de gleine. Nicht alle der Kartoffeln hat der Pflug ans Tageslicht gebracht, andere waren durch das Pflügen zugedeckt worden, sodass mit dr Graudhau noch kräftig nachgearbeitet werden musste, bis man sicher sein konnte, so gut wie alle Knollen aus dem Boden geholt zu haben. Die beiden Körbe zum Sortieren wanderten stets mit. Dui ischd bais, hieß es, wenn man beim Glauba eine angefaulte Aibier vrwischd hot, die man wegwerfen musste.

Grünliche Knollen kamen ebenso wie eine von der Pflugschar angeschnittene oder aus Versehen zerhackte Kartoffel zu den kleinen Exemplaren in den Grädda fr d'Sei. Auf diese Weise wurde die Kartoffel auch zum Hauptfuttermittel für die Schweine, denen man die Knollen allerdings auch nicht roh vorsetzen konnte. Morgens und abends kochte man ihnen en Kessl vool aa.

Waren die Körbe voll, wurde in Rupfensäcke umgeschüttet. Ganz sicher wurde durch die Aufteilung in Reihen ein Konkurrenzgefühl wachgerufen, denn man konnte davon ausgehen, dass ungefähr gleich viel Kartoffeln in jedem Roiha waren. Wer also am weitesten vorne war, galt als am fleißigsten und umgekehrt.

Trotz allem Sportsgeist hat man nicht immer alles gherret, was man sich vorgenommen hatte. Ungern ließ man dann noch etliches für den nächsten Tag liegen. Drohte es aber eine kalte Nacht zu werden und war vielleicht Vollmond, dann musste wohl oder übel so lang gschaffat warra, bis restlos alles eingesammelt war. Denn bleiben die Knollen draußen liegen, und es kommt Frost, dann werden sie weich und sind kaputt.

Hatte man schließlich die Kartoffeln im Keller, war das sicher ein unschätzbares Gefühl. Man hatte gewöhnlich dann den ganzen Winter über etwas zu essen. Man brauchte nur noch darauf achten, dass die Knollen kühl, trocken und dunkel lagen, sonst fingen sie an auszuwachsen und wurden damit ungenießbar.

zom Aibieraglauba: zur Kartoffellese
Roiha: Furche
oin fr de grauße: einen für die großen
oin fr de gleine: einen für die kleinen
Graudhau: Hacke
dui ischd bais: die ist schlecht
glauba: auflesen
wenn man … vrwischd hot: wenn man auf … stieß
Grädda fr d'Sei: Korb für die Schweine
en Kessl vool: einen Kessel voll, einen großen Topf voll
aa: ab
gherret: geschafft
gschaffat warra: gearbeitet werden

Kartoffeln zählen zu den hochwertigsten Grundnahrungsmitteln – unempfindlich sind sie aber keineswegs. Werden die Äcker überdüngt und mit chemischen Mitteln gegen allerlei Krankheiten behandelt, dann ist damit zu rechnen, dass die Knollen Nitrat, Schwermetalle und Gifte in sich speichern und zugleich drastisch an Geschmack einbüßen.

Auf der Alb drängte die Kartoffel nicht nur die für das Mittagessen üblichen Getreidebreie auf die Seite. Aibiera sind auch ein wesentlicher Bestandteil des Schwarzen Brotes (siehe Seite 55).

Aibiera ond a saura Miil

Pro Person 3 bis 6 Kartoffeln je nach Größe, Sauermilch, für jede Person einen Teller voll, Salz.

Kartoffeln in der Schale weich dämpfen (siehe oben), schälen und in einer Schüssel auf den Tisch stellen. Kalte Sauermilch in die Teller geben. Die Kartoffeln kommen einzeln dazu. Nach Belieben wird gesalzen.

Graischde Aibiera

1 Kilogramm gekochte Kartoffeln, 1 Zwiebel, 1 bis 2 Esslöffel Fett, Salz

Kalte Kartoffeln schälen und rädla. In einer eisernen Pfanne das Fett erhitzen und den klein geschnittenen Zwiebel glasig dünsten. Kartoffeln und Salz dazugeben. Unter Rütteln goldgelb raischa. Man kann auch rohe Kartoffelscheiben nehmen und sie unter öfterem Wenden bei geschlossenem Deckel braten.
Wenn man hat, kann man zum Schluss abbas Rau drzugea.

Aibierawischdla

10 bis 12 tags zuvor gekochte Kartoffeln, 2 Eier, etliche Esslöffel Mehl, Weckmehl, Schmalz, einige Esslöffel Sauerrahm, Salz, Muskat.

D'Aibiera durredrugga. Dazu kommen die Eier, Rahm, Salz, Muskat und so viel Mehl, bis ein Teig entsteht.
Nun formt man fingergroße Wischdla, wendet sie in Weckmehl und brät sie in heißem Schmalz schwimmend, bis sie eine schöne Farbe bekommen.

Aibiera: Kartoffeln
a saura Miil: Sauermilch
graischde Aibiera: geröstete Kartoffeln
rädla: rädeln
raischa: rösten
abbas Rau: etwas Rahm
drzugea: hinzufügen
Aibierawischdla: Kartoffelwürstchen
durredrugga: durchdrücken

Aufwendiger sind Schupfnudla:

Schupfnudla

Man nimmt denselben Teig wie für die Aibierawischdla, macht daraus aber etwas kleinere Nudeln. Portionsweise setzt man sie in kochendes Salzwasser und wartet, bis sie oben schwimmen. Man lässt sie auf einem Seiher abtropfen. Wenn sie trocken sind, röstet man sie in der Pfanne an.

Saure Aibierarädla

Saura Soß (siehe Seite 23), Kartoffeln.

Man schneidet entweder rohe Kartoffeln in Scheiben und kocht sie in der Saura Soß weich oder man rädelt gekochte Kartoffeln und lässt sie zehn Minuten in der Soße aufkochen.

Schupfnudla: Schupfnudel
Aibierawischdla: Kartoffelwürstchen
Seiher: Sieb
Aibierarädla: Kartoffelscheiben

's Schirm-Maale

Pfannakuacha: Pfannenkuchen
's Schirm-Maale: das Schirm-Männlein
deen kaasch mitnamma: den kannst du mitnehmen
deen brauchschd aber nemme brenga: den brauchst du aber nicht mehr zurückbringen
grasgrea: grasgrün
firchdeg: fürchterlich
aagschossa: ausgebleicht
gwea: gewesen
desch doch koi scheaner Schirm: das ist doch kein schöner Schirm
so a greas Dach: so ein grünes Dach
hot scho de ganz Zeit so hau bissa: hat bereits die ganze Zeit so hoch gebissen
no bisch du au ed schea: dann bist du auch nicht schön
Stiaga naa: Treppen runter
Stacheeta: senkrechte Latten am Treppengeländer

Es kam bereits zum zweiten Mal an diesem Tag vorbei. Der Familienvorstand saß schon am Tisch und hatte das erste Flädle vor sich. Möglicherweise hätte es günstigere Momente gegeben, an der Tür anzuklopfen.

»Deen kaasch mitnamma, deen brauchschd aber nemme brenga!«, hatte die Bäuerin dem Schirm-Maale morgens mit auf den Weg gegeben, als es vorbeigekommen war, um zu fragen, ob man keinen alten Schirm zum Flicken habe.

Jetzt stand der fahrende Schirmflicker mit seinem Ansinnen schon wieder in der Küche, über dem Arm das alte Gestell, »neu« bezogen mit einem Stoff, den man wahrscheinlich als grasgrea bezeichnet hätte, wäre er nicht so firchdeg aagschossa gwea.

Mit Schwung setzte das Maale den Schirm mit dem Griff auf den Rand der Holzkiste neben dem Herd. Nun hätte es gern fünf Mark dafür gehabt.

Der Bäuerin, die eine Reparatur ja gar nicht in Auftrag gegeben hatte, gefiel der Schirm jedoch ganz und gar nicht. »Desch doch koi scheaner Schirm – so a greas Dach!«, wies sie das Schirm-Maale ab, das sie seinerseits jedoch beharrlich vom Gegenteil überzeugen wollte. So ging es eine Weile hin und her. Der Bauer am Tisch hot scho de ganz Zeit so hau bissa. Fatalerweise ließ sich das Schirm-Maale, weil alles nichts zu nützen schien, gegenüber der Bäuerin zu der Aussage hinreißen: »Wenn des koi scheaner Schirm ischd, no bischd du au et schea!«

Ab da ging alles sehr schnell. Der Bauer warf das Besteck von sich, sprang auf und war mit einem Satz bei dem Maale. Dann schnappte der Bauer erst den Schirm, dann den Arm von dem Maale, dem er nun im Hauruck den Griff in die Armbeuge drückte. Jetzt trug er des Maale am Kragen hinaus und stellte es vor der Treppe ab. Von hier aus flog das Maale rückwärts d'Stiaga naa. Zu allem Unglück verfing es sich auch noch in de Stacheeta, bevor es sich auf die Straße retten konnte. Von dort aus drohte das Maale, mit der Polizei zurückzukommen. Der erzürnte Bauer rannte zum Gangfenster und warnte mit Arm und Stimme: »Breng mr blooß koin, mit dam mach i's genauso wia mit dir!«, was die Wirkung nicht verfehlte. Jetzt konnten endlich die Pfannakuacha gegessen werden.

Pfannakuacha

500 Gramm Mehl,
1/4 bis 1/2 Liter Milch, 3 Eier,
2 Esslöffel Fett,
Salz,
eventuell Muskat.

Das Mehl mit der Milch glatt rühren, Eier und Salz, eventuell Muskat dazugeben und vermengen.
Einen kleinen Schöpflöffel voll Teig gleichmäßig in heißem Fett verteilen, auf beiden Seiten schön hellbraun rausbacken und auf ein warmes Teller legen.
So nacheinander alle Pfannakuacha bacha.

Flädla

Will man Flädla, zum Beispiel zum Füllen, macht man den oben beschriebenen Teig und auch die einzelnen Kuchen einfach etwas dünner.
Zu Pfannakuacha oder Flädla isst man grünen Salat.

Vor allem Kinder sind begeistert, wenn auf eine Seite des Flädles Gsälz gschmiert und es dann aufgerollt wird.

Erwachsene, die dadurch au en Glischt uf abbas Siaß bekommen, werden schon erst den Salat aufessen, ihr letztes Flädle aber dann ebenso, mit ama Dreiblesgsälz, behandeln und Ringe davon abschneiden, während die Kinder die Rollen inzwischen einfach in die Hände genommen haben und kräftig abbeißen.

Gangfenster: Flurfenster
breng mr bloß koin: bring mir bloß keinen, bring mir niemanden ins Haus
mit dam mach i's genauso wia mit dir: mit dem gehe ich genauso um wie mit dir
Pfannakuacha: Pfannkuchen
bacha: backen
Flädla: dünne Pfannkuchen
Gsälz: Marmelade
gschmiert: aufgetragen
au en Glischt uf abbas Siaß: auch Lust auf etwas Süßes
mit ama Dreiblesgsälz: mit Konfitüre von Roten Johannisbeeren

Goldschnitta

Altbackenes Schwarzbrot,
12 Eier oder Pfannkuchenteig (siehe Seite 110),
4 Esslöffel Fett.

Oier vrgleppra und salzen. Oder einen Pfannkuchenteig herstellen. Die Brotscheiben – man nimmt normalerweise Schwarzbrot – in den Eiern oder im Teig wenden und in heißem Fett schwimmend rausbacken.
Dazu isst man grünen Salat.

Leisa

400 Gramm Linsen,
1 Zwiebel,
2 Esslöffel Fett,
3 Esslöffel Mehl,
Essig,
Pfeffer,
Salz.

Linsen verlesen, waschen und über Nacht in kaltem Wasser quellen lassen. Die Linsen in etwa einer halben bis dreiviertel Stunde weich kochen.
In einer Eibrenne einen klein geschnittenen Zwiebel hellbraun rösten und mit etlichen Esslöffeln Essig ablöschen. Die Linsen dazugeben, mit Salz und Pfeffer abschmecken und nochmal 1/4 Stunde kochen.
Dazu isst man Spätzla (siehe Seite 109) und, so man hat, a Bärle Soidawischdla, oder man würfelt ein Stück durchwachsenen Speck, den man in die Eibrenne gibt und mitkocht.

Oier: Eier
vrgleppra: verquirlen
Leisa: Linsen
Eibrenne: Mehlschwitze
einen Zwiebel: eine Zwiebel (im Dialekt maskulin)
Bärle: Paar
Soidawischdla: Saitenwürste, dünne, leicht geräuchte Brühwürste, ähnlich wie Wiener Würstchen

Gnepfla gehören zu den ganz schlichten Gerichten, wahrscheinlich auch zu den ganz alten Armuts-Rezepten.

Gnepfla

500 Gramm
Weizenmehl,
Salz,
Wasser.

Das Salz mit dem Mehl vermengen. Jetzt mit der einen Hand anfangen zu kneten, mit der anderen langsam immer wieder ein bisschen Wasser dazu schütten. So lange, bis der Brühteig als Kugel in der Schüssel zu bewegen ist.
Wasser zum Kochen bringen. Währenddessen mit einem Esslöffel Gnepfla bilden. Wenn das Wasser kocht, die Gnepfla vorsichtig hineingeben. Nach zehn Minuten herausnehmen und servieren. Dazu passt grüner Salat oder Sauerkraut, in das man vorher Rauchfleisch gelegt hat.

Nudla ond Nudla sind absolut nicht dasselbe. Jedenfalls nicht auf der Alb. Gemeinsam ist ihnen, dass man sie selber herstellt und dass sie als Beilage gegessen werden.

In Merklingen auf der Alb – und nur dort – sind Nudla etwas ganz anderes als außerhalb Merklingens! In Merklingen isst man jeden Sonntag die

Merklinger Nudl

Der Teig ist derselbe, wie man ihn sonst für Daapfnudla (siehe Seite 120) herstellt. In Merklingen jedoch kommt der Teig in ein mit Schmalz gefettetes Kar und dann ohne Wasser und ohne Deckel eine Stunde ins Raur. Die Nudel soll eine schöne dunkle Farbe bekommen.
Gegessen wird die Nudel in Merklingen als Beilage genauso wie andernorts breite Nudeln oder Spätzla. Die Nudel wird am Tisch verteilt und dann in die Bratensoße eingebrockt oder getunkt. Etwas Übriges von der Merklinger Nudl kann man auch morgens mit Gsälz zum Kaffee essen.

Gnepfla: Klößchen
Nudla: Nudeln
Daapfnudla: Dampfnudeln
Kar: viereckiges Backblech mit hohem Rand
Raur: Backofen
Gsälz: Marmelade

Nudla

375 Gramm Weizenmehl,
3 Eier,
Wasser,
Salz.
Will man die Nudeln als Hauptgericht essen, nimmt man die doppelte Menge.

Eier, Salz und Mehl zu einem Teig verschaffen. Man kann pro Ei 1/2 bis 1 Eischale Wasser dazugeben. Den Teig auf ein gemehltes Brett geben und durchkneten, bis er ganz glatt und zart ist und beim Durchschneiden kleine Löcher zeigt.
Den Teig in vier, fünf Stücke teilen. Das Brett erneut mehlen, dann die einzelnen Kuchen sehr dünn auswellen. Während man auswellt, die anderen Teigstücke unter eine Schüssel legen, damit sie nicht austrocknen.
Die ausgewellten Kuchen leicht trocknen lassen.
Damit die Nudeln nicht zu lang werden, die Kuchen in der Mitte auseinander schneiden, beide Teile aufeinander legen und aufrollen. Zentimeterdicke Streifen abschneiden, aufschütteln und vollständig trocknen lassen.
Später die Nudeln in Salzwasser knapp zehn Minuten kochen, abgießen und gschmelzte Braisala darübergeben.

Je gelber ein Nudelteig, desto »besser« ist er, womit gemeint ist, desto mehr Eier sind drin. Aber es gibt auch noch eine andere Methode, tiefgelben und reichhaltigen Nudelteig herzustellen – allerdings nur für diejenigen, die eine Kuh im Stall haben, die grad a Kälble griagt hot.

Die Milch, die die Kuh direkt nach der Geburt abgibt, nennt man den Briaschdr. Den muss natürlich des Kälble bekommen, aber es kann ja etwas vom Briaschdr übrig bleiben.

Wenn man diesen Briaschdr, eine ganz gelbe Milch, in den Nudelteig verarbeitet, braucht man viel weniger oder gar keine Eier und bekommt trotzdem goldgelbe Nudeln.

gschmelzte: geschmälzte
Braisala: Brosamen
grad: soeben
a Kälble griagt hot: gekalbt hat
Briaschdr: erste Milch nach dem Kalben

Der besoffene Kuhstall

Apropos Stall – in den schickte ein aus Heidelberg stammender Albbauer seine Frau mit den Worten:

»Marie, geh nunner inn Stall, doi Kieh, die danza Tango!«

Seine Wortwahl rührte wohl daher, dass er – für die raue Alb ungewöhnlich – selbst ein großer Tänzer war, was übrigens bei den Älblerinnen gut ankam. Der Heidelberger arbeitete im Gasthaus Hirsch, das gleichzeitig auch mit Getreide, Most und Schnaps handelte.

Weil das Viehfutter auf der Laichinger Alb immer knapp war, holte man sich gern den Trester, wenn ma em Hisch gmoschdad kheet

hot. Den Trester vermischte man mit warmem Wasser. Das Vieh frisst dieses fruchtige Abfallprodukt äußerst gäara – Trester ist ein Leckerbissen.

Jedenfalls alarmierte der Familienvorstand sein Weib eben mit den Worten: »Marie, geh nunner inn Stall, doi Kieh, die danza Tango!«

Was war passiert?

Wahrscheinlich hatten die Kühe nicht nur Trester vom Most zu fressen bekommen, sondern es waren aus Versehen auch Schnapsabfälle im Futtertrog gelandet. Ganz gradleg ond gaugleg standen die Viecher jetzt da, taumelten, drohten gar umzufallen – kein Zweifel, der ganze Kuhstall war besoffen! Das war alles andere als eine ungefährliche Angelegenheit. Würde sich eine Kuh ein Bein brechen, dann hieße das Notschlachtung, Freibank (siehe Seite 81) und so weiter.

Eine feucht-fröhliche Bauern-Runde im Gasthaus Hirsch. Hier fiel auch der Trester an vom Mosten und Schnapsbrennen.

Dass der Bauer seine Frau rief, lag daran, dass diese Kühe nur Frauen gewohnt waren und deshalb keine Männer in ihrer Nähe duldeten. Auch auf der Straße, wenn man mit dem Fuhrwerk unterwegs war, konnte es passieren, dass eine Kuh, wemma et aufbassat hot, einen am Straßenrand gehenden Mann gschwend uff d'Hoora nehmen wollte oder dass sie ihn oifach en da Graba neikeit hot.

Bloß et Trab fahra
mit de Kiah!

Marie, geh nunner inn Stall, doi Kieh, die danza Tango:
Marie, geh' in den Stall hinunter, deine Kühe tanzen Tango!
wenn ma em Hisch gmoschdad kheet hot:
wenn im Gasthaus »Hirsch« Obstmost (aus Äpfeln und Birnen) hergestellt worden war
gäara: gern
gradleg ond gaugleg:
auf schräg gestellten Beinen und wackelig
wemma et aufbassat hot:
wenn man nicht aufgepasst hat
gschwend:
kurzerhand
uff d'Hoora:
auf die Hörner
oifach: kurzerhand
en da Graba neikeit hot:
in den Graben geworfen hat
bloß et Trab fahra mit de Kiah:
bloß nicht Trab fahren mit den Kühen!

Der Kuhstall ist einer der heimeligsten Orte eines alten Bauernhauses auf der Alb. Hier ist es immer angenehm warm, auch wenn die Außentemperaturen noch so weit ins Minus rutschen – das Vieh strahlt eine ungeheure Wärme aus.

Das war auch der Grund, warum man den Kiahstall gern direkt unter das Wohnzimmer gelegt hat, wo man dann weit weniger heizen musste.

Bevor die Traktoren kamen, setzte man gewöhnlich Kühe als Arbeitstiere ein. Üblich war bei den einfachen Leuten ein Gespann mit zwei Kühen. Als a guade Kuah galt a Schaffre, mo au no en Kiebel Miil gea hot, eine Kuh also, die einerseits kräftig war und Spaß am Arbeiten hatte und andererseits morgens und abends dazu noch einen Eimer voll Milch füllte.

Wer sich einen Gaul oder gar zwei leisten konnte, der zählte zu den größeren Bauern, die vielleicht nebenher noch gfuhrwerkat hant, Holz gfiard zum Beispiel oder alle denkbaren Transporte nach Blaubeuren oder Ulm oder auch einmal bis hinunter nach Stuttgart. Gleich hinter den Rossbauern kamen in der Hierarchie die Ochsenbauern. Ein Ochse zieht eher noch mehr als ein Pferd, allerdings viel langsamer. Als im Krieg die Pferde eingezogen wurden, ersetzten die Rossbauern ihr Gespann dann meistens auch mit Ochsen. Transport-Unternehmen waren aber nur mit Pferden möglich. Eingesetzt hat man die Ochsen nur auf dem Feld.

Gmolga wird abends und früh morgens. Direkt nach dem Aufstehen geht es in den Stall. Frauenarbeit, versteht sich. Bevor es die Melkmaschinen gab, nahmen sich die Frauen einen Malkscheaml und setzten sich neben eine der Kühe, deren Charaktere von sehr individueller Natur sind. Manche lassen sich einfach gut melken. Andere sind ständig leicht gereizt, schlagen der Melkerin mit ihrem überaus kräftigen Schwanzende ins Gesicht oder treten gar nach der Frau oder mindestens den Melkeimer um. So einem Luadr wird dann der Schwanz während des Melkens an einem Bein festgebunden, und man muss äwwl auf der Hut sein und das Tier bei Laune halten. Dazu trägt ganz erheblich bei, dass – bevor man zu melken anfängt – als allererstes etwas in den Baara kommt.

Kiahstall: Kuhstall
a guada Kuah: eine gute Kuh
a Schaffre: eine fleißige Arbeiterin
mo au no en Kiebl Miil gea hot: die auch noch einen Eimer Milch gegeben hat
gfuhrwerkat hant: mit dem Fuhrwerk gefahren sind
Holz gfiard: Holz gefahren
gmolga: gemolken
Malkscheaml: Melkschemel, ein leichter, dreibeiniger Hocker
Luadr: Luder
äwwl: immer
Baara: Trog

Wenn Kühe nur Frauen in ihrer Nähe gewohnt sind, dulden sie bisweilen keine Männer mehr. Wer das nicht akzeptiert, kann leicht mit den Hörnern Bekanntschaft machen.

Heute wird die Milch abgeholt. Früher musste sie zweimal am Tag en d'Molge broochd warra, der zentralen Milchsammelstelle im Ort. Meistens mussten die heranwachsenden Kinder diese Aufgabe übernehmen, die en dr Molge dann auf Gleichaltrige stießen.

Die Milch wurde in eine Waage geschüttet und dann die entsprechende Literzahl in das Molgebiachle eingetragen. Mehrmals pro Monat wurde der Fettgehalt der Milch gemessen und später auch die Sauberkeit. Nach diesen Kriterien bemaß sich der Preis, den man pro Liter erhielt, das Miilgald.

en d'Molge:
in die Molkerei
broochd warra:
gebracht werden
Molgebiachle:
Molkereiheft
Miilgald: Milchgeld

In der Molge wurde gebuttert. Brauchte man a halb Pfood, dann wurde das auch in das Molgebiachle eingetragen und später verrechnet.

Die wohlhabenderen Bauern hatten ein Ochsenoder Pferdegespann. Aber nur mit Rössern waren Botenfahrten zum Beispiel nach Stuttgart möglich.

Leer ging man nie nach Hause. Erstens erfuhr man immer die aktuellsten Neuigkeiten, vielleicht flirtete man auch ein bisschen, weil man ja vor lauter Schaffa sonst nicht groß dazu kam, und zweitens erhielt man am Hinterausgang der Molge a A-Miil. Ungefähr entsprechend der Milchmenge, die man ablieferte, bekam man diese Flüssigkeit nun in seine Kanne oder Kannen gefüllt. A-Miil wurde auch Rührmiil genannt und war ein Abfallprodukt vom Buttern. Zum Wegschütten viel zu schade. Man nahm sie mit nach Hause und schüttete sie den Schweinen über ihr Futter, die dieser Dreingabe sehr zugetan waren.

a halb Pfood: ein halbes Pfund (hier: 250 Gramm Butter)
A-Miil, Rührmiil: Buttermilch

Spätzla

3/4 Pfund Weizenmehl, 3 Eier, Salz, etwas Wasser; zum Schmelzen: 1 Esslöffel Fett, 1 Esslöffel Weckmehl. Als Hauptgericht: von allem das Doppelte.

Mehl, Eier und Salz vermengen, schuggerlesweis so viel Wasser zugeben, bis man einen festen, glatten Teig schlagen kann.
Nach und nach Teile des Teiges auf ein nasses Spatzenbrett streichen und von dort aus mit einem Spatzenschaber oder einem Messer dünne Spatzen in kochendes Salzwasser einschaben.
Sobald die Spatzen nach oben steigen, sind sie fertig. Mit einem Schaumlöffel nimmt man sie aus dem Wasser und gibt sie auf ein gewärmtes Teller.
Zum Schluss mit möglichst in Butter geröstetem Weckmehl schmälzen.

Graischde Spätzla

Fertige Spätzla zum Abtrocknen auf ein Brett legen, damit sie eine schönere Farbe bekommen. In heißes Fett geben und anrösten. Dazu isst man Salat.

schuggerlesweis: kleine Menge nach und nach
Spatzenbrett: Küchenwerkzeug, ein Holzbrettchen mit Griff, auf der gegenüberliegenden Seite beidseitig abgeflacht
Spatzenschaber: Küchenwerkzeug aus Metall
ein gewärmtes Teller: ein angewärmter Teller
graischde Spätzla: geröstete Spätzle

In den Stubenläden holte man sich früher Salzheringe – und bis heute z.B. besten Backsteinkäse.

Fisch

Fisch gibt es natürlicherweise auf der Hochfläche der Schwäbischen Alb nicht – weit und breit findet sich nicht ein winziges Bächlein, kein Fluss, kein See. Symptomatisch ist ein altes handgeschriebenes Kochbuch, ein etwas vornehmeres, das schon in Kapitel eingeteilt war und selbstverständlich auch Seiten für Fischrezepte vorsah – hier findet sich kein einziger Eintrag.

Fisch kam in Laichingen hauptsächlich in Form von Salzheringen vor, die Soifasiaders Pauleena oder Witsbaurs verkauften.

Dann hieß es: »D'Pauleena hot a Fass Häreng aufgmacht!« Mit einem Teller holte man sich dann welche, vielleicht einen halben pro Person. Und wenn man keinen Teller dabei hatte, wickelte d'Pauleena die Heringe in Zeitungspapier ein.

Bei dr Pauleena bekam man auch das Erdöl für die Erdölfonzla, mit denen man früher die Stuben beleuchtet hat. Mit ama blächana Käntle, das vielleicht zwei, drei Liter fasste, holte man sich das Öl.

Das Ölfass stand hochkant neben dem geöffneten Heringsfass. Im Erdölfass steckte eine Pumpe. Wenn nun d'Pauleene oim a Eel rausbombat hot, konnte es sein, dass das oben quer angebrachte Rohr, also der Auslauf, nicht ganz fest verschraubt oder der Boden a bissle ooeeba war. Jedenfalls konnte es manchmal passieren, dass sich nach dem Pumpen das Rohr auf dem Fass dräht hot und der Auslauf seitlich über das Heringsfass geschwenkt ist. Und weil es manchmal nach dem Pumpen noch ein bisschen nachgetropft hat, konnte es sein, dass es au amol ins Heringsfass neidropfnat hot.

Soifasiaders Pauleena: Seifensieders Pauline
Witsbaur: Wirtsbauer, der Bauer, der neben dem Wirt sein Haus hatte
d'Pauleena: die Pauline
hot a Fass Häreng aufgmacht: hat ein Fass Heringe aufgemacht
Erdölfonzla: Erdöllampen
ama blächana Käntle: einem Blech-Kännchen
oim: einem
a Eel: ein Öl
rausbombat: herausgepumpt
a bissle ooeeba: etwas uneben
dräht hot: gedreht hat
amol: einmal
neidropfnat: hineingetropft

Uss am Graugadda

'sGmias, dr Salat ond d'Beer wachsat em Graugadda, der nach Möglichkeit beim Haus oder nicht weit weg davon sein sollte. Ansonsten musste man es auf einem Zipfel seines Ackers anpflanzen, was nicht so vielversprechend war. A Graugäddla ischd abbas anders.

Typisch für die Alb-Bauern, hier mehrere Familien beisammen, sind das Strohdach, das Kuh-Fuhrwerk, ein paar Hennen

Das Grundstück, auf dem das Haus stand – von dem man vielleicht die Hälfte oder auch nur ein Viertel besaß –, war oft nicht viel größer als das Gebäude selbst. Wenn grad noch Platz für eine Mischde vonna und eine Holzbeig henda danna war, dann schaute man, dass man ein kleines Gartengrundstück möglichst nah am Haus dazu bekam – das war dann der Graugadda.

Alles, was dem kargen Boden gut tat, brachte man dann hierher. Angefangen von der Äsch, die in der hauseigenen Feuerstelle anfiel. Sorgsam wurde dazu die Holzasche aus den Schiebern vom Ofen in einem Eimer gesammelt. Es erregte immer Aufmerksamkeit, wenn Hufgeklapper in der Straße zu hören war. Schnell wurde nachgeschaut, ob es von den Gäulen vielleicht eine wertvolle Hinterlassenschaft vor der Haustür gegeben hatte. »Wodle zeemaglauba!«, hieß es dann, bevor einem andere die Epfl wegschnappten, denn Rossmist ist ein überaus reichhaltiger

uss am: aus dem
Graugadda: wörtlich: Krautgarten, wahrscheinlich weil man hier den Kohl sät, bevor man die Setzlinge auf den Acker pflanzt
Gmias: Gemüse
Beer: Beeren
wachsat em: wachsen im
a Graudgäddla ischd abbas anders: ein kleiner Krautgarten ist etwas anderes
Mischde: Misthaufen
vonna danna: auf der Vorderseite
Holzbeig: Brennholzstapel
henda danna: auf der Rückseite
Äsch: Asche
wodle: hurtig
zeemaglauba: zusammenlesen
Epfl: Äpfel, hier: Rossäpfel, Exkremente der Pferde

Dung und wurde deshalb gern und schnurstracks in den Graugadda getragen.

Kompost hingegen gab es früher noch keinen. Sämtliche Küchenabfälle kamen in den Seikiebel und trugen sichtlich zum Entzücken der Schweine bei, die sich genussvoll schmatzend über das Kraut von den Gelben Rüben oder die Schalen von den Kohlrabi hermachten.

Der Boden vom Graugadda wird ganz besonders gepflegt. Viel feiner als das Pflügen auf dem Feld gerät das Schora kurz vor dem Winter. Im Frühling wird dann zusätzlich noch ghackat ond ghäcklat. Früher wurden als allererstes im Frühling die Rüben und Kohlraben gesät, deren Setzlinge man dann später in einen Acker hinausbrachte. Danach war dann Platz für Gelbe Rüben, Kohlrabi, Bohnen, Rettiche und Salat. Bei den Zwiebeln musste man aufpassen, dass dr Mau se et rauszoga hot. Lagen die Setzlinge nach einer Vollmondnacht dussa, musste man sie eben wieder neidrugga. Der Vollmond ist tatsächlich imstande, die Zwiebelsetzlinge aus dem Boden zu lüpfen. Nur das Kraut, also den Weißkohl, setzte man ebenfalls zu dem Viehfutter, den Rüben und Kohlraben, auf den Acker hinaus. An Kräutern pflanzte man meist nicht mehr als Petersilie und Schnittlauch an, vielleicht noch ein Maggi-Kraut.

Außer Gemüse hat man im Graugadda auch gern noch Beerhecka angepflanzt. Dreibla, vor allem die späten Sorten, gehören zu den widerstandsfähigen und deshalb albtauglichen Pflanzen. Für die frühen Sorten ist das Risiko, während der Blüte zu erfrieren, zu groß. Raude, schwatze ond weiße Dreibla geit's. Und natürlich Stachelbeeren – große, grüne, saure und kleine, gelbe, süße. Alles, was sauer ist, ist gut gegen den Durst. Beim Beerbrogga ließ man deshalb gern noch ein paar Früchte am Strauch, als Maul- ond Augawoid.

Seikiebel: Schweinekübel
Schora: mit dem Spaten umgraben
ghackat ond ghäcklat: fein geharkt
dr Mau: der Mond
se et rauszoga hot: sie nicht herausgezogen hat
dussa: draußen
neidrugga: hineindrücken
Beerhecka: Beerensträucher
Dreibla: Johannisbeeren
raude: rote
schwatze: schwarze
geit's: gibt es
Beerbrogga: Beerenpflücken
Maul- ond Augawoid: Maul- und Augenweide

Gmias

Beim Gemüse gilt: Egal, welche Sorte man kocht – grundsätzlich wird das Gemüsewasser zu Suppen und Soßen weiter verwendet!

Kollräbla

12 Kohlrabi,
2 Esslöffel Mehl,
2 Esslöffel Fett,
Salz.

Die großen Blätter entfernen und die Kohlrabi schälen. In feine Scheiben schneiden, die kleinen Herzblätter ebenfalls klein schneiden. Die Scheiben und das geschnittene Grün in Salzwasser weich kochen.
Mehl im Fett hellgelb rösten, mit Gemüsewasser ablöschen, mit Salz abschmecken, die Kohlrabischeiben hineingeben und kurz aufkochen lassen.
Dazu gibt es gschmelzte Spätzla.

Bauna

1 Kilo Stangenbohnen, 1 Zwiebel,
Bohnenkraut,
2 Esslöffel Butter,
1 Esslöffel Mehl,
Salz, Pfeffer,
Muskat.

Bohnen putzen und in Salzwasser weich kochen. Das Mehl im Butter leicht rösten. Zwiebel und Bohnenkraut dazugeben und andämpfen.Mit Gemüsewasser oder Brühe ablöschen. Bohnen dazugeben, mit Salz, Pfeffer und Muskat abschmecken.

Weesich

1 großer Kopf oder
2 kleine Köpfe
Wirsing,
2 Esslöffel Mehl,
2 Esslöffel Fett,
1 Zwiebel,
Petersilie, Salz,
Pfeffer, Muskat.

Wirsing putzen, das heißt die äußeren, harten Blätter, den Strunk und die groben Rippen entfernen. Dann in Stücke schneiden und einige Male waschen.
In Salzwasser verwellen. Damit der Wirsing seine frische, grüne Farbe behält, danach in kaltes Salzwasser legen. Die Blätter ausdrücken und klein schneiden.
Mehl im Fett hellgelb rösten. Klein geschnittenen Zwiebel und Petersilie dazugeben, dann den Wirsing. Mit Gemüsewasser oder Brühe ablöschen, mit Salz und Pfeffer abschmecken und noch einmal aufkochen lassen.

Grautkooga

Wie man Sauerkraut einlegt, ist im Kapitel »Fr da Wendr« beschrieben. Us de Kooga, die man aus den Krautköpfen schneidet, kann man ein Gemüse kochen. Man entfernt die holzigen Teile und schneidet dia Kooga in kleine Stifte. Die kocht man in Salzwasser weich und schmälzt zum Schluss mit einer Einbrenne.

Dämpfts Graut

1 Kopf Weißkohl,
1 Zwiebel,
2 Esslöffel Fett,
Essig, Salz, Pfeffer.

Das Kraut kleinhobeln und salzen. Mindestens eine Stunde ziehen lassen. Den klein geschnittenen Zwiebel im Fett dämpfen, dann das Kraut mitdämpfen, bis es zusammenfällt. Mit Wasser oder Brühe ablöschen und mit Essig, Salz und Pfeffer würzen.

Blaugraut

1 Kopf Rotkohl,
1 Zwiebel,
2 Esslöffel Fett,
Salz, Zucker, Essig.

Das Kraut muss abends zuvor eiboizad warra: Wenn man es kleingehobelt hat, gibt man Salz, eine Messerspitze Zucker, etliche Esslöffel Essig oder Wein dazu und lässt es ziehen.
Am nächsten Tag wird es gekocht wie Dämpfts Graut.

Gmias: Gemüse
Kollräbla: Kohlrabi
gschmelzt: geschmälzt
Bauna: Bohnen
Weesich: Wirsing
verwellen: kurz zum Kochen bringen
Grautkooga: Krautstrunk
Graut: Kraut, Kohl
fr da Wendr: für den Winter
us de Kooga: aus den Strünken
dämpfts Graut: gedämpfter Weißkohl
Blaugraut: Rotkohl
eiboizad: gebeizt, in eine scharfe Flüssigkeit eingelegt
warra: werden

Salat

Mitte des 18. Jahrhunderts gab es eine erste große Auswanderungswelle und im 19. Jahrhundert waren es um die 500 Laichinger, die fortan ihr Glück lieber in Amerika, Afrika, Australien, Indien, Russland, Ungarn und der Schweiz suchten.

Die meisten sind jedoch geblieben und zitieren gern die älblerische Variante eines bekannten Sprichworts:

Bleib em Land ond friss Rettich!

Räddichsalaad

6 rote, weiße oder schwarze Rettiche, Essig, Öl, Salz.

Die Rettiche in dünne Scheiben rädeln oder mit dem Lochhobel einhobeln.
Zuerst das Öl, dann den Essig zugeben und mischen. Erst direkt vor dem Auftischen kommt das Salz dazu. Nochmal durchmischen.

Aibiera- ond Gurgasalaad

3 Pfund Kartoffeln einer fest kochenden Sorte, 2 Gurken, 4 Esslöffel Öl, 8 Esslöffel Essig, Salz.

Kartoffeln kochen, schälen und noch möglichst warm ganz fein schneiden. Gurken – die mit der dicken, etwas stachligen Haut, die üblicherweise in den Bauerngärten wuchsen – schälen und feine Rädla einhobeln. Zuerst den Essig zugeben, dann das Öl, etwas später das Salz, damit es nicht das ganze Wasser aus der Gurke zieht.
Schmeckt am besten, wenn der Salat noch warm ist.

Greaner Salaad, Andiefe, Ackersalaad

Die Salate werden gewaschen, im Sieb getrocknet, verlesen und geputzt. Angemacht wird der Salat mit Essig, Öl und Salz.

Gern schimpft man mit Worten wie:

Heidasalood ond olfa nei!

Gsälz

Fürs Gsälz kommen in erster Linie die Dreibla in Frage. Zum einen wächst nicht viel anderes, das man zu Gsälz verarbeiten könnte, zum anderen ist das Dreiblesgsälz wegen seiner intensiven Geschmackskombination von sauer und süß oifach guat.

Dreiblesgsälz

Zucker und Johannisbeeren in gleichen Gewichtsanteilen: Pfood uff Pfood.

Dreibla waschen und die Stiele abstreifen. Eizuckra und über Nacht stehen lassen.
Dann zehn bis zwanzig Minuten aufkochen, immer wieder rühren und den Schaum abschöpfen.
Das heiße Gsälz in Gläser füllen und mit Alkoholpapierchen verschließen.
Alkoholpapierchen stellt man folgendermaßen her:
Zellophanpapier schneidet man entsprechend der Größe der Gefäße zurecht. Man benötigt für jedes Gsälzglas zwei Papierchen: eines zum Verschließen des Glases, das die Glasöffnung reichlich überlappen muss, und ein kleines, rundes, das man direkt aufs Gsälz legt.
Die kleinen taucht man in einen Teller mit Schnaps und legt die nasse Seite dann direkt aufs Gsälz, damit es nicht anläuft. Die großen Stücke macht man auf einer Seite mit Wasser nass und spannt sie dann über den Glas- oder Topfrand. Mit amma Gommiele verschluißt ma.

bleib em Land ond friss Rettich: bleibe im Land und friss Rettiche
Räddichsalaad: Rettichsalat
Aibiera- ond Gurgasalaad: Kartoffelsalat mit Gurke
rädla: rädeln
greaner: grüner
Andiefe: Endiviensalat
Heidasalood ond olfa nei!: wörtlich: Heidensalat und elf hinein! Erweiterung des »Heida nei!«
Gsälz: Marmelade
Dreibla: Johannisbeeren
oifach guat: einfach gut
Pfood uff Pfood: Pfund auf Pfund
eizuckra: einzuckern
damit es nicht anläuft: damit sich keine Schimmelschicht bildet
amma Gommiele: einem Gummiring
verschluißt ma: verschließt man

Abbas Siaß

Duranand

6 Äpfel,
Pfannkuchen-Teig
(siehe Seite 100),
1 Esslöffel Fett,
1 Esslöffel Zucker,
Zimt.

Epfl schnitzla (oogscheelde – zaischd en normale Schnitzla schneida, no nomol quer feischnitzla) und in Fett andämpfen, etwas Zucker dazugeben.
In einer anderen Pfanne einen dicken Pfannkuchenteig mit der Schaufel hin- und herschieben, dass es Fetzen gibt, Epfl dazugeben, eventuell noch einmal Zucker darüberstreuen, wer möchte, auch Zimt.

Epflkiachla

12 Äpfel,
Pfannakuacha-Doig
(siehe Seite 100),
2 Esslöffel Fett,
Zucker, Zimt.

Epfl scheela, Gehäuse ausstechen, in Scheiben schneiden. Rengla en da Pfannakuacha-Doig neilega, in Schmalz rausbacken, Zimt und Zucker darüberstreuen.

Waffla

300 Gramm Mehl,
3 Eier,
2 Esslöffel Butter,
1/2 Liter Milch,
Salz, Zucker zum
Bestreuen.

Butter schaumig rühren, nach und nach Eier und Mehl dazugeben, zuletzt die lauwarme Milch und Salz.
Das Waffeleisen erhitzen. Entweder mit Schmalz fetten oder mit Speck einreiben. Die Waffeln unter öfterem Drehen des Eisens hellbraun backen. Zum Schluss mit Zucker bestreuen.

abbas Siaß: etwas Süßes, Süßspeise(n)
Duranand: Durcheinander
Epfl: Äpfel
schnitzla: schnitzeln
oogscheeld: ungeschält
zaischd en normale Schnitzla schneida: zuerst in gewöhnliche Schnitze zerteilen
no nomol: dann zusätzlich
feischnitzla: fein schneiden
Epflkiachla: Apfelküchlein
Pfannakuacha-Doig: Pfannkuchen-Teig
scheela: schälen
Rengla: Ringe
neilega: hinein legen
Waffla: Waffeln

Daapfnudla

750 Gramm Mehl,
45 Gramm Hefe,
1/2 Liter Milch,
125 Gramm Butter,
1 bis 2 Eier,
1 Esslöffel Fett,
Salz.

Das Mehl in eine Schüssel geben, in der Mitte eine kleine Mulde machen und mit der Hefe und etwas lauwarmer Milch einen Vorteig machen. Wenn er gegangen ist, die Eier, den erweichten Butter und das Salz dazugeben und so viel lauwarme Milch, wie noch nötig ist. Alles vermengen und kneten, bis man einen Teig hat, der sich von der Schüssel löst. Etwa zwei Stunden gehen lassen.
Man formt gut ein Dutzend kinderfaustgroße, glatte Loibla und lässt sie noch einmal mindestens eine Viertelstunde gehen.
In eine eiserne Kachel mit gut schließendem Deckel gibt man eine Tasse Milch oder Wasser und einen Esslöffel Schmalz oder Butter. Wenn die Milch kocht, setzt man dia Loibla dicht an dicht hinein. Fest zugedeckt auf schwachem Feuer ungefähr eine Viertelstunde kochen lassen. Der Deckel darf keinesfalls geöffnet werden, solange die Nudeln nicht fertig sind und man die Milch oder das Wasser noch brodeln hört. Weil sonst die Dampfnudeln zusammenfallen. Wenn das Wasser eingekocht ist, hört man ein prasselndes Geräusch und der Duft der sich unten bildenden Kruste dringt nach außen. Dann zieht man den Topf zurück und deckt ihn nach ein paar Minuten auf.
Dazu isst man kalte Milch, in die man dia Nudla eibroggat, oder a Vanill-Soß (siehe Seite 23).

Daapfnudla: Dampfnudeln
Loibla: kleine Laibe
dia Nudla: die Nudeln
eibroggat: zerteilt in die Flüssigkeit geben

Ofaschlupfer

Altbackenes Weißbrot,
6 Äpfel,
3 Eier,
1 Liter Milch,
1 Hand voll Rosinen,
3 Esslöffel Zucker,
Zimt,
etwas Butter.

Epfl schnitzla (oogscheelde – zaischd en normale Schnitzla schneida, no nomol quer feischnitzla).
In eine gut gefettete Auflaufform abwechselnd Lagen von dünnen Brotscheiben, Epflschnitz und Rosinen geben. Mit Brot anfangen.
Eier, Zucker und Mehl mit der Milch verrühren und darüber gießen.
Einige Butterscheibchen darauf geben und mit Brotscheiben abdecken. Bei guter Hitze etwa 3/4 bis 1 Stunde backen, bis der Ofenschlupfer eine hellbraune Farbe bekommt.
Dazu isst man Vanill-Soß (siehe Seite 23).

Schmalzkiachla

Einen Hefeteig wie zu Daapfnudla herstellen (siehe Seite 120).
Wenn er gegangen ist, wird er ausgewellt und mit dem Backrädle in vrschobene Viereck aufgeteilt. Die lässt man nochmal gehen, bevor man sie in heißem Schmalz schwimmend hellbraun herausbäckt.
Zum Schluss mit Zucker bestreuen.
Schmalzkiachla geit's normalerweis allenfalls am Faasnatsdeischdeg, weshalb sie auch Faasnatskiachla heißen.

Pfitzauf

500 Gramm Mehl,
1 Liter Milch,
6 Eier,
etliche Esslöffel weiche Butter,
Salz,
2 Esslöffel zerlassenes Fett,
Zucker zum Bestreuen.

Das Mehl mit der lauwarmen Milch glattrühren, nach und nach Eier dazugeben, dann den zerlassenen Butter und eine Prise Salz.
Die Pfitzaufformen gut einfetten und jeweils halb voll mit dem Teig füllen. Bei mittlerer Hitze backen, bis die Pfitzauf nach etwa einer halben Stunde aufgepfitzt und hellbraun sind.
Mit Zucker bestreuen.
Dazu isst man Kompott.

Ofaschlupfr: Ofenschlupfer
Epflschnitz: Apfelschnitze
Schmalzkiachla: Schmalzküchlein
vrschobane Viereck: Rauten
geit's: gibt's
Faasnatsdeischdeg: Fastnachtsdienstag
Faasnatskiachla: Fastnachtsküchlein

Saura Miil mit Beer

3 Liter Sauermilch, 1 Kilogramm von den Stielen befreite Johannisbeeren oder andere Beeren, Zucker.

Die Sauermilch schaumig schlagen, die aazopfate Dreibla oder Beer zuckern, eventuell ein bisschen mit einer Gabel zerdrücken, eine Zeit lang kalt stellen.

Do goht's wia sellem Handwerksbuuscht.
Em aischte Haus hot 'r a Kiachle griagt.
»Hondert Heiser, hondert Kiachle«,
hot 'r sich gsait.
Em zwoita Haus hot men d'Schdiag naakeit ...

Mit dem Kiachle des Zunftgesellen kann vieles gemeint sein – ein Floischkiachle könnte er erhalten haben, ein Schmalzkiachle oder vielleicht einen klein geratenen Pfannenkuchen.

Es könnte sogar ein ganz normal großer, pfannenbodenausfüllender Pfannakuacha gewesen sein, der das »-le« einfach aus lauter Zuneigung verliehen bekommen hat.

Jedenfalls hatte sich der Wanderbursche gründlich verrechnet.

saura Miil mit Beer: Sauermilch mit Beeren
aazopfate: abgezupfte
Dreibla: Johannisbeeren
do goht's wia sellem Handwerksbuuscht: da geht es wie jenem Handwerksburschen
em aischte Haus hot 'r a Kiachle griagt: im ersten Haus hat er ein Kiachle bekommen
Kiachle: wörtlich: kleiner Kuchen
hondert Heiser, hondert Kiachle: hundert Häuser, hundert Küchlein
hot 'r sich gsait: sagte er sich
em zwoita Haus hot men d'Schdiag naakeit: im zweiten Haus hat man ihn die Treppe hinuntergeworfen
Floischkiachle: Frikadelle
Schmalzkiachle: Schmalzkrapfen
Pfannakuacha: Pfannenkuchen

Epfl, Biiera, Zwatschga, Pflauma, Kischa

Epfl: Äpfel
Biiera: Birnen
Zwatschga: Zwetschgen
Pflauma: Pflaumen
Kischa: Kirschen
Mooschdobschdbeim: Mostobstbäume
Mooschdepfl: Mostäpfel
Mooschdbiiera: Mostbirnen
Epflbäumle: Apfelbäumlein
uff Gammelshausa nagooht: nach Gammelshausen hinuntergeht
raa: herunter
grad ällas: geradezu alles
drzua no en Haufa Bloama: außerdem viele Blumen
mit dam isch ed guad Kischa assa: mit dem ist nicht gut Kirschen essen
der kheit oim d'Schdoi ens Gsiicht: der wirft einem die Steine ins Gesicht

Obstbäume gab und gibt es nicht viele auf der Hochfläche der Alb. Den teils eisigen Winden trotzen fast nur die knorrigen und selbst schon recht verwegen aussehenden Mooschtobschdbeim. Das meiste, was wächst, sind also Mooschdepfl oder Mooschdbiiera.

Hie und da kann sich doch auch etwas Edleres halten, vielleicht im Windschatten eines Stadels, dessen dunkel gebeiztes Holz auch noch ein bisschen Wärme abstrahlt. So ein Epflbäumle wird von jedem Familienangehörigen, der an diesem Stadelacker vorbeikommt, immer wieder begutachtet wie ein Schatz, was es ja auch ist. Den Bedarf an Äpfeln kann es aber kaum decken.

Ab und zu gibt es auch Zwetschgen- oder Pflaumenbäume, aber schon mit Seltenheitswert.

*Mit dam isch ed guad Kischa assa,
der kheit oim d'Schdoi ens Gsiicht!*

Eine andere Welt tut sich einem auf, wenn man von Laichingen zum Beispiel »uff Gammelshausa naagooht«. Gammelshausen ist ein lieblicher, kleiner Ort im Kreis Göppingen, der sich eng an die Hänge der nördlichen Albausläufer schmiegt. Knapp 30 Kilometer und 300 Höhenmeter über die steilen Steigen des Albtraufs müssen überwunden werden, um diesen ersten Zipfel des fruchtbaren Albvorlandes zu erreichen.

Hier ist alles anders, hier ist es viel wärmer, windstiller – vor allem kann man, wenn man raa kommt, es kaum fassen, wie üppig es ringsum grünt und blüht und wie reich es hier ist an allem, was so herrlich schmeckt: Kischa, Biiera, Epfl, Zwatschga, Pflauma – grad ällas. Drzua no en Haufa Bloama. Paradiesisch kommt es einem vor. Das meiste, was hier so prächtig gedeiht, hätte auf den Albhöhen wegen des dünnen, kargen Bodens und wegen der Nachtfröste während der Blütezeit kaum eine Chance.

Weil der Gammelshauser, den die Bääs von der Alb geheiratet hat, Schuhmacher war, nahm man 's Falle von dem Kalb, das im Winter geschlachtet worden war, mit naa, um daraus Schuhe für die Kinder machen zu lassen.

In Gammelshausen angekommen, ging es auf die Bäume. Kischa brachte man im Frühsommer von dort mit dem vollbepackten Loitrawägale d'Schdoig nauf ins raue Laichingen zurück und Zwatschga, Epfl ond Biiera, Goishirtla ond Gwirzluiga im Herbst.

A learer Gruaß goht barfuaß.

Bääs: Base, Cousine
Falle: Fell
naa: hinunter
Kischa: Kirschen
Loitrawägele: Leiterwagen
d' Schdoig nauf: die Steige hinauf
Goishirtla: [Stuttgarter] Geißhirtle, Honig- oder Zuckerbirne, eine Birnensorte
Gwirzluiga: Gewürzluiken, alte württembergische Apfelsorte
a learer Gruaß goht barfuaß!: ein leerer Gruß geht barfuß! Gemeint ist: Ohne Geschenk soll man keinen Besuch machen.
Biiera: Birnen
Epfl: Äpfel
Zwatschga: Zwetschgen

Kurze oder weite Wege mußte man früher ganz selbstverständlich zu Fuß zurücklegen.

Biiera: Birnen
Epfl: Äpfel
Zwatschga: Zwetschgen
Pflauma: Pflaumen
Hutzlabrot: Früchtebrot
Schnitzala aus dem Rocksack: Apfelschnitze aus der großen Rocktasche der Frauen
Gogga: Gefäß aus Steingut für Most
oifachs Middale: einfaches Mittel
Stoile: Steinchen
Schnitzala: kleine Schnitze
dirrade: getrocknete
do goht's wia sallam Baura: da geht's wie jenem Bauern
der hot seiner Goiß wella 's Frassa aagwehna: der wollte seiner Ziege das Fressen abgewöhnen
schiargar hau e se so weit kheet, hot'r gsait: fast hatte ich sie so weit, hat er gesagt
no isch se mr verreckt, 's Lombadier: dann ist es eingegangen, das Lumpentier

Biiera, Epfl, Zwatschga ond Pflauma wurden entweder eingedünstet oder auf großen Backblechen getrocknet. So erhielt man die Früchte fürs Hutzlabrot (siehe Seite 72) und die so beliebten Schnitzala aus dem Rocksack.

Mit der ständigen Wasserknappheit hat es wohl zu tun, dass sich auf dem Acker große Achtung verschaffen konnte, wer trotz harter Arbeit keinen Hunger und auch möglichst wenig Durst entwickelte. Wenn sich Letzterer dann doch meldete, weil man ja auch kräftig schwitzte – weniger wegen der hier oben sich nur selten breit machenden Hitze, sondern natürlich vom Schaffen – der mitgebrachte Gogga oder die Milchkanne voll Wasser aber schon leer war, gab es da a oifachs Middale: ein kleines Stoile, vielleicht auch ein extra zu diesem Zweck im Hosen- oder Rocksack mitgeführter Zwetschgenstein, in den Mund gelegt – schon war das Durstgefühl zu ertragen. Erheblich luxuriöser war es, wenn man ein paar Schnitzala im Sack hatte. Das waren entweder dirrade Zwatschga oder dirrade Epflschnitz. Der Genuss der Schnitzala, der ihnen durch langsames Schlotzen immer mehr entlockte Geschmack, war einfach großartig und die dadurch angeregte Speichelproduktion stellte nebenbei die Illusion der Flüssigkeitsaufnahme her.

Die Überforderung der eigenen Person war auf der Alb Normalität, bei Frauen und Kindern noch mehr als bei den Männern. Und was man als normal akzeptiert hat, gibt selten Anlass, kritisch darüber nachzudenken. Nur bei wenigen drang ins Bewusstsein vor, dass man es einfach auch übertreiben kann mit der Missachtung der natürlichen Bedürfnisse, wie es folgende Anekdote sehr eindrücklich vermittelt:

Do goht's wia sallam Baura.
Der hot seiner Goiß wella 's Frassa aagweehna.
»Schiargar hau e se so weit gheet«, hot'r gsait,
»no isch se mr verreckt, 's Lombadier!«

Was ma wild sammla kaa

Fündig werden kann man im Wald und bei den Sträuchern ama Roi dra. Oft hat man die Kinder mit kleinen Milchkannen losgeschickt, um Waldhimbeeren zu sammeln, aber auch Erd- und Brombeeren und Hagebutten.

Beliebter Streich der Lausbuben ist es, den Mädchen – sehr zu deren Missfallen – das so genannte Juckpulver aus dem Innerern der Hagebutten ins Nackale zu stecken.

Eine seltene, weil sehr arbeitsaufwendige Alternative zum üblichen Dreiblesgsälz ist das im Vergleich viel feiner schmeckende Hegamark. Früher sind manchmal Leute aus Gaaslausa heraufgekommen, um ihr Hegamark hier oben zu verkaufen. Wegen der Farbe mutmaßte man allerdings einmal, dass auch Gäele Riaba hineinvermengt worden waren.

Hat man genügend von den reifen, kräftig rot leuchtenden Früchten der Heckenrose zwischen den Dornen herausgesammelt, geht die Arbeit erst so richtig los.

Hegamark

Ein Pfund Zucker auf ein Pfund Hagebutten, eventuell etwas Weißwein.

Hagebutten waschen, Stiel und Kronen entfernen, dann die Früchte spalten. Kerne und alles Haarige sauber herausschaben, nochmals waschen.
Eventuell mit etwas Weißwein vermischen und etliche Tage in den Keller stellen, bis die Früchte weich sind. Zwischendurch ein paar Mal umrühren.
Die weichen Hagebutten durch ein Sieb streichen. So entsteht das eigentliche Hegamark. Dies mit dem Zucker unter ständigem Rühren bis zum Kochen erhitzen. Lässt man es kochen, geht die schöne rote Farbe verloren. Aufgekochtes Mark in eine Steinschüssel umfüllen und kaltrühren. Dann die Marmelade in kleine Töpfe oder Gläser füllen und mit Alkoholpapierchen (siehe Seite 117) verschließen.

Gsälz oder Hegamark eignet sich übrigens nicht nur als Brotaufstrich, sondern schmeckt auch vorzüglich, wenn man Flädla damit bestreicht und diese dann aufwickelt. Dies zählt dann zu den Mittagessen, wenn es abbas Siaß geit. Bei der Gelegenheit fangen dann insbesondere Männer manchmal an zu breagla, weil sie so etwas nur ungern als a rachts Assa akzeptieren, was sie mit dr hedda Arbat begründen, womit sie allerdings nicht weit kommen, weil die Frauen meist eher noo hedder schaffa miaßat. So bleibt dann nur noch die apodiktische Wendung: »I be oifach koi so a Siaßer!«

Bei Kindern ist die gegenteilige Reaktion zu erwarten. Selbstverständlich wird aber in jedem Fall gegessen, was auf den Tisch kommt. Ein Essen zu verschmähen und es möglicherweise im Seikiebel enden zu lassen, wäre undenkbar gewesen. In der Armut hatte jegliche Nahrung einen enorm hohen Wert, sie wegzuwerfen wäre als a Send betrachtet worden.

was ma wild sammla kaa: was man wild sammeln kann
ama Roi dra: an einem Rain
Nackale: Genick
Dreiblesgsälz: Johannisbeermarmelade
Hegamark: Hagebuttenmarmelade
Gaaslausa: Ganslosen, ein Dorf im oberen Filstal, änderte 1849 seinen Namen in Auendorf, seit 1973 Teilort der Gemeinde Bad Ditzenbach (Kreis Göppingen). Das Dorf ist noch heute für seine Hegamarkfabrikation bekannt und führt sogar zwei Hagebutten im Wappen.
Gäele Riaba: Karotten
Gsälz: Marmelade
Flädla: Pfannkuchen
abbas Siaß geit: etwas Süßes gibt
breagla: vor sich hin schimpfen
a rachts Assa: eine vollwertige Mahlzeit
hedda Arbet: harte Arbeit
noo hedder schaffa miaßat: noch schwerer arbeiten müssen
i be oifach koi so a Siaßer: ich bin einfach kein Süßer
Seikiebel: Schweinekübel
a Send: eine Sünde

Wa vaschbra mr?

Vaschbra kann man vormittags und nachmittags, wenn man en Haufa schaffat ond dronderdnei Hongr griagt. Auch das Abendessen ist damit gemeint.

Zum Vaschbra gibt es immer Schwarzbrot. Variationen sind zum Beispiel a Metzgrsupp, a Rauchfloisch oder Salzhäreng. Oder man kauft sich beim Witsbaur einen Bachstoi- oder Schdenkrkäs, vielleicht au amol a baar Salz- oder Essiggurga.

wa vaschbra mr?: was vespern wir?
en Haufa schaffat: viel arbeitet
dronderdnei Hongr griagt: zwischendurch Hunger bekommt
Vaschbra: Vesper
a Metzgrsupp: frische Würste und Kesselfleisch
a Rauchfloisch: Rauchfleisch
Salzhäreng: Salzheringe
Witsbaur: Wirtsbauer, der Bauer, der neben dem Wirt sein Haus hatte
Bachstoi- oder Schdenkrkäs: Romadur oder Limburger
au amol a baar: zwischendurch auch ein paar
Gurga: Gurken

Wenn es heiß ist, ist auch ein erfrischender Luggeleskäs beliebt.

Luggeleskäs

Dickmilch,
Sahne oder Milch,
Zwiebel,
Schnittlauch,
Petersilie,
Salz,
Pfeffer.

Man braucht a gschdandana Miil. Man muss warten, bis se zeemagfahra ischd. Dann schüttet man das entstandene Wasser ab – in den Seikiebel nadierlich. Abbas Rau drzua wäre gut, aber den hot ma au et grauß gheht. Man gibt deshalb a Miil drzua und schneidet nach Belieben Zwiebel, Schnittleng oder Pedrleng hinein. Würzen tut man mit Salz und vielleicht ama Pfaffr.

Broodepfl

Im Winter hingegen freut man sich uff d'Broodepfl, die man einfach so, wie sie sind, eine Weile ens Rairle legt

Luggeleskäs: angemachter Quark
gschdandana Miil: Dickmilch
bis se zeemagfahra ischd: bis sie eingedickt ist
Seikiebel: Schweinekübel
nadierlich: selbstverständlich
abbas Rau drzua: ein wenig Sahne dazu
den hot ma au et grauß gheht: den gab es kaum, den hatte man kaum
a Miil drzua: Milch dazu
Schnittleng: Schnittlauch
Pedrleng: Petersilie
Pfaffr: Pfeffer
Broodepfl: Bratäpfel
uff: auf
Rairle: Bratröhre

MUSEUM
geöffnet
STÖHLE
wüstenrot

's isch Mergd

Markttag in Laichingen – der Flecken ist nicht wieder zu erkennen. Aufgeregtes Treiben beherrscht die Straßen. Tausende und Abertausende von Besuchern aus nah und fern schieben sich vorbei an den rechts und links dicht an dicht aufgebauten Ständen der Krämer. Überall blickt man in gut gelaunte Gesichter. Von allen Seiten locken überbordende Auslagen, knallbunt und glitzernd oder au fuireg allbacha. Man kann hier einfach alles erwerben. Ganz sicher auch so manchen Artikel, von dem die Städter nicht einmal im Entferntesten ahnen, dass es so etwas überhaupt gibt. Gea duat's oifach ällas: Bürsten und Besen in unglaublicher Vielfalt und ausgereifter Finesse für die ganz unterschiedlichen Arten von Dreck. Wollene Unterhosen, »Omas Liebling« genannt (wobei die für den Opa auch nicht besser aussehen). Eine Weltneuheit an Putzmittel, das dem begeisterten Animateur und dem saftigen Preis nach die Arbeit eigentlich von ganz alleine erledigen müsste. Und ständig tritt man in neue Wolken verführerischer Gerüche, nach gebrannten Mandeln, nach Magenbrot, nach grillte Geckala oder nach Brodwischd.

Dass auch die Kinder ihren Gelüsten einmal ein bisschen nachgehen können, bekommen sie a Mergdgraumad, ein Geldstück, vielleicht von Opa oder Oma zugesteckt. Zu Viel hat's früher meistens nicht gereicht, vielleicht zo a baar Guadala.

's isch Mergd: es ist Markt
fuireg allbacha: unheimlich altmodisch
gea duat's oifach ällas: geben tut's einfach alles
grillte Geckala: gegrillte Hähnchen
Brodwischd: Bratwürste
Mergdgraumad: kleines Taschengeld für den Markt
Guadala: Bonbons

Markttag in Laichingen

Ein Kuhhandel gerät oft zur temperamentvollen Sache – es wird gefeilscht wie im Orient, der letzte Handschlag gilt als Kaufvertrag.

Hommala, Hägala: junge Bullen
Stickle: einzelnes Tier
koscht: kostet
no due nomol en Zwanzgr druff: dann tu' ich nochmal einen Zwanziger drauf
also, no ghairt er dr: also, dann gehört er dir
von onda rauf: aus dem Unterland, also beispielsweise von Stuttgart oder Esslingen

Die nachdenklichsten Gesichter findet man auf dem Viehmarkt. Eingehend werden dort dia Hommala oder Hägala begutachtet. Hat ein Bauer Interesse, fragt er den Viehhändler, was des Stickle koscht. Anders als auf dem Krämermarkt ist es auf dem Viehmarkt üblich, zu handeln wie im Orient.

Während der Händler den Betrag hoch zu halten versucht, fängt der Bauer weit drunter an gegenzubieten. Der Händler preist die Vorzüge von dam Stickle – der Bauer tut so, wie wenn ihn das nicht so ganz überzeugen würde. Langsam nähern sich die Kontrahenten mit zunehmendem Geschrei und ständigem Gegeneinanderschlagen ihrer Handflächen an, bis es schließlich heißt: »Also, no due nomol en Zwanzger druf!« – »Also, no ghairt er dr!« Der letzte Handschlag gilt als Kaufvertrag.

In vielen der kleinen Ortschaften auf der Alb gab und gibt es kaum Läden. Der Markt – er muss vom Land genehmigt sein – hob den Status eines Fleckens ganz erheblich.

Über Jahrhunderte war Laichingen der äußerste Vorposten Württembergs nach Südosten. An der Markungsgrenze nach Westen begann bereits das bayrisch-wiesensteigische Herrschaftsgebiet mit dem Nachbarort Westerheim. Richtung Osten lag das Territorium der Reichsstadt Ulm und auch ins vorderösterreichische Günzburg war es nicht weit. Wohl aufgrund dieser Sonderstellung dürfte Laichingen 1364 mit Stadt- und Marktrechten geadelt worden sein.

Eine zentrale Rolle spielte die Ansiedlung an der Hüle aber schon immer. Die Ortsnamen der direkt benachbarten Gemeinden bezeugen, dass sie von Laichingen aus gegründete Tochtersiedlungen sind: Sontheim, früher Suntheim, was bedeutet, dass es südlich vom Ursprungsort liegt, Westerheim im Westen und Hohenstadt, das etwas höher liegt als Laichingen, und von dem aus man, wenn es sehr klar ist, die Alpen sehen kann.

Zum Markt in Laichingen kommt die Bevölkerung aus der ganzen Umgebung. Viele kommen den Autonummern nach sogar von onda rauf. Mergd in Laichingen ist für die mittlere Alb so etwas wie das Cannstatter Volksfest für die Unterländer oder das Oktoberfest für die Bayern.

Die nachdenklichsten Gesichter findet man auf dem Viehmarkt.

Auch Hasen und Kaninchen wechseln die Besitzer.

Schwarze Ferkel, die sich trotz Markttumult ein Schläfchen gönnen.

Ziegen – früher wurde dieses Tier die »Kuh des armen Mannes« genannt.

Esel waren früher die Begleiter der Schäfer – inzwischen werden sie auch einfach zur Freude der Kinder gehalten.

Pferde und Ponys – heute müssen sie meist nicht mehr aufs Feld, sondern dienen dem Freizeit-Vergnügen.

Früchte, die auf der Alb nicht wachsen, sind begehrt – besonders zu günstigen Preisen.

Auf dem Markt gibt es einfach alles.

Herren Socken
100 % Wolle
Kurz u. 3/4 lang
Ferse & Spitze Verstärkt

Staubwedel und so manches, von dessen Existenz die Städter nichts ahnen.

Bürsten gibt es vielerlei – es gibt ja auch vielerlei Dreck.

Ein Scherenschleifer hat sich auch zu den Marktleuten gesellt.

Manche Putzlumpen werden angeboten wie Zaubertücher.

Winter auf der Alb.
Der Postbus muß freigeschaufelt werden.

Fr da Wendr

Der Begriff »Raue Alb« taucht nach Medick schriftlich erstmals 1621 in der »Cronica und grindtliche Beschreibung des Hailigen Römischen Reichs Statt Reutlingen« auf, wo von der »Rawen Alb« die Rede ist.

Nachdem das württembergische Herrscherhaus enge Beziehungen zu Russland hatte, sei es dann im 18. Jahrhundert zu der »bildungsbürgerlichen Wortprägung« »württembergisches« oder »schwäbisches Sibirien« gekommen. Ganz speziell jener raue Teil war damit gemeint, der damit verspottet wird, dass es hier neun Monate Winter und drei Monate kalt sei.

Weil die Älbler dies immer hälanga in Stolz ummünzen (hälanga, weil die pietistische Frömmigkeit einem Gefühl wie Stolz mit tiefster Verachtung gegenübersteht), lächelt man über solche als Unverschämtheiten gedachten Äußerungen nur verschmitzt und genießt die, zwar unbeabsichtigte, aber nicht mehr vermeidbare Bewunderung der Gegenseite.

Recht Wetter für meine Knecht,
schaffet se nex, so frieret se recht!

fr da Wendr: für den Winter
hälanga: heimlich
schaffet se nex, so frieret se recht: arbeiten sie nichts, dann frieren sie ordentlich

Zum Einhobeln des Sauerkrauts kommt extra ein Krautschneider mit seinem Hobel ins Haus.

Wegen seines hohen Vitamin-C-Gehalts gehörte das Sauerkraut für den hedda Wendr auf der rauen Alb, tatsächlich überlang und oft klirrend kalt, sicher zu den allerwichtigsten Nahrungsmitteln. Das meiste, was heute so selbstverständlich auch in den Wintermonaten in den Obst- und Gemüseauslagen der Geschäfte liegt, kannte man teilweise bis weit ins vorige Jahrhundert hinein auf der Alb kaum oder gar nicht.

Man hatte das, was in dem rauen Klima hier oben gedeihen und was man deshalb selbst in seinem Krautgarten oder auf dem Acker anpflanzen konnte und also nicht kaufen musste. Abgesehen von den Kartoffeln waren das für den Winter neben Gelben Rüben hauptsächlich die verschiedenen Kohlsorten, angefangen bei den Kollräbla über den Weesich, dann das Blaukraut und allen voran das Weißkraut, das man auf dem Acker hatte bei den Rüben und Kollraben, die dem Vieh gefüttert, in Notzeiten aber auch selbst gegessen wurden.

a heddr Wendr: ein harter Winter
Kollräbla: Kohlrabi
Weesich: Wirsing

Sauergraut

25 Kilogramm Weißkraut,
250 Gramm Salz,
eventuell Wacholderbeeren,
Kümmel oder Äpfel;
zur Zubereitung:
Schmalz.

Hatte man das Weißkraut geerntet, wurde Grautschneiders Jörg bschdelld. Der kam dann mit einem großen Hobel und einem speziellen Messer ins Haus. Bevor er die einzelnen Grautskepf kleinhobelte, schnitt er aus einem jeden den Kooga raus.
Der Geschmack des Krauts ist leicht zu variieren und zu verfeinern, zum Beispiel mit ein paar Wacholderbeeren, die auf den typischen Schafweiden der Alb ja reichlich wachsen, oder mit Kümmel, wenn man sich ein Päckle leisten konnte, oder mit ein paar fein geschnetzelten Äpfeln.
Zum Gären und Lagern kam das Kraut mit den weiteren Zutaten entweder in eine Grautstand oder in eine Gelt. Ersteres Gefäß war aus Steingut, das zweite aus Holz. Beides musste man sauber ausputzen, die Gelt darüber hinaus auch noch frisch ausbrühen.
Dann legte man den Boden des Gefäßes mit Krautblättern aus.
War das Kraut nahezu klein geschnitten, hot ma de Jonge zom Fiaßwäscha gschickt. Das feingehobelte Kraut wurde gesalzen und kam schichtweise in die Stand oder die Gelt. Wer wollte und hatte, konnte auch Kümmel dazugeben oder Apfelschnitze. Nach jeder Krautschicht mussten die Kinder das Kraut solange treten, bis der Saft aufstieg und alles durchnässt war. Man konnte auch hölzerne Krautstampfer benutzen, wodurch sich das gleich lautende Synonym für Beine erklärt.
Zum Schluss wurden oben wieder Krautblätter aufgelegt, dann kam ein sauberes Tuch darüber. Ein passender Holzdeckel schloss ab, der mit einem großen Stein beschwert wurde. Nun konnte das Kraut vergären. Alle acht bis vierzehn Tage mussten Stein, Brett, Tuch und der leere innere Teil des Fasses abgewaschen werden.
Wenn man Kraut herausnahm, musste man es immer gleichmäßig von der oberen Schicht wegnehmen und durfte keine Vertiefungen hinterlassen.
Portionsweise kam es dann mit a bissle Schmalz ens Rairle. Je öfter heiß gemacht, desto lieber hatte man den Geschmack. 's muaß aino sieba Mol aufkochat sei, war die favorisierte Meinung, die den heutigen Erkenntnissen einer vitaminreichen Ernährung allerdings nicht mehr standhalten kann.
Zum Sauerkraut aß man gern Gnepfla.

Grautschneiders Jörg: Jörg, der Krauthobler
bschdelld: bestellt
Grautskepf: Kohlköpfe
Kooga: Strunk
Grautstand: großes Steingut-Gefäß zur Lagerung von Sauerkraut
Gelt: Holzgefäß
hot ma de Jonge zom Fiaßwäscha gschickt: hieß man die Kinder, ihre Füße waschen
a bissle: ein bisschen
ens Rairle: in die Backröhre
's muaß aino sieba Mol aufkochat sei: es muss mindestens sieben Mal aufgekocht sein
Gnepfla: kleine Knödel

Leinen mit Weltruhm

Nur wenige Nutzpflanzen sind anspruchslos genug, auf der rauen Alb zu gedeihen. Der Flachs (Linum usitatissimum), eine leuchtend blau blühende Pflanze, gehört dazu. Weder Viehzucht noch Ackerbau waren auf der kargen Albhochfläche besonders einträglich. Bei dem wenigen, was man überhaupt anpflanzen konnte, gab es oft Missernten. Große Flächen braucht man hier oben, um mit dem spärlichen Gras und Heu Vieh zu halten. Es entwickelte sich ein Mischmodell des Broterwerbs. Zum einen wurde eine, nicht selten winzige, Landwirtschaft umgetrieben. Zum anderen wurde die Verarbeitung von Flachs zum Charakteristikum der Alb.

In Laichingen konnten gewobene Textilreste aus dem 8. Jahrhundert archäologisch nachgewiesen werden. Urkundlich bezeugt ist die Leinenweberei hier seit dem frühen 15. Jahrhundert, was auf ein weit entwickeltes Handwerk schließen lässt. Laichingen wurde zum Zentrum der Leinenweberei.

Der Anbau des Flachses ist sehr arbeitsaufwendig. Damit die Fasern möglichst lang bleiben, dürfen die Pflanzen nicht geschnitten, sondern müssen gerauft werden. Dann wird der Flachs getrocknet, von Hülsenresten befreit, geglättet und gekämmt. Raufen, Riffeln, Rösten, Brechen, Schwingen, Hecheln – früher alles von Hand, versteht sich – heißen die sechs Stufen, bis die Fasern zur Weiterverarbeitung an Spinnrad und Webstuhl bereit sind.

Dann kommen die Fasern auf die Gonkl neben dem Spinnrad, von wo aus die Frauen sie zu feinem Garn verspinnen. Gesponnen wurde früher in den Lichtstuben, das heißt, die Frauen versammelten sich abends mit ihrem Arbeitsgerät in einer Stube, um das teure Licht gemeinsam zu nutzen. A Liachdstub war aber auch ein vortrefflicher Ort der Kommunikation.

Ein Leinenweber bei seiner Arbeit am Webstuhl in der Donk, einem feuchten Kellerraum unter der Stube

Gonkl: Gerät zum Flachsspinnen

Nach dem Spinnen muss gespult und gezettelt werden, bevor das Garn dann auf den Webstuhl gespannt werden kann.

Die Flachsfasern werden gesponnen und dann von der Spulerin auf die Garnrollen gelegt.

Gewoben wurde in den langen Wintern. Die Männer saßen in der Donk, einem Kellerraum unter der Stube. Durch eine Falltür im Boden des Wohnraums ging es über eine Treppe nach unten. Kalt und feucht war es hier. Viele Weber erkrankten und starben an Rheuma, Lungenentzündung und Tuberkulose. Doch nur in dieser ungesunden Umgebung blieben die Flachsfasern geschmeidig und ließen sich zu glatter Ware verarbeiten.

In jeder Donk gibt es eine kleine Aussparung in der Wand, wo sich der Schlichthafen gut abstellen ließ und nicht in Gefahr war, dass men omkheit hot. Bevor das Garn verwoben werden konnte, musste man es noch schlichten. Mit einer Bürste strich man die Schlichte, eine klebrige Masse aus aufgekochtem Stärkebrei, auf die aufgespannten Fäden. Die abstehenden Fasern wurden somit angeklebt und die einzelnen Fäden geglättet. Nur so konnte das Material die Strapazen des Webens überstehen.

Zeitweise stand in Laichingen und den umliegenden Ortschaften in jedem zweiten Haus ein Webstuhl. Immer mehr spezialisierten sich die Laichinger auf das Weben.

Das Wichtigste war jedoch, die Ware verkaufen zu können. Laichingen liegt abseits von Handelsstraßen. Zunächst haben die Laichinger ihre Ware nach Ulm getragen. Bis heute gibt es von Laichingen ausgehend einen »Ulmer Weg« durch die Felder. Seit der Stauferzeit war Ulm zur Handelsmetropole aufgestiegen. Hier hatten die Kaufleute ihren Sitz, und von hier aus wurde die Ware über die Donau weiter ins In- und Ausland verschifft.

Im 15. Jahrhundert waren »Ulmer Barchent« und »Ulmer Leinen« zu international anerkannten Qualitätssiegeln geworden und begehrte Ware unter anderem auf den Tuchmärkten von Genua, Venedig, Genf, Lyon und in den Niederlanden. Um hier bestehen zu können, mussten sich die Laichinger mit einer ganz besonders hohen Qualität ihres Leinens einen Namen machen, was gelang.

Donk: Kellerraum zum Weben
dass men omkheit hot: dass man ihn umgeworfen hat

Nicht zuletzt deshalb gab es ab der zweiten Hälfte des 17. Jahrhunderts heftige Konflikte zwischen den Laichinger Webern und der Leinwandhandlungs-Compagnie im Oberamt Urach. Der württembergische Landesherr wollte die Weber im Bereich des Unteramts Laichingen an das Aufkaufs- und Vertriebsmonopol der Uracher Händler binden.

Die Laichinger waren jedoch alles andere als einverstanden. Günstige Umstände kamen ihnen zu Hilfe, wie Hans Medick herausfand: »Die Grenzen des Zwangs lagen dort, wo das monopolistische Eigeninteresse der Uracher Leinwandkaufleute an der Beherrschung des gesamten Leinwandhandels (im Bereich des Oberamts Urach und darüber hinaus) nicht nur mit dem entgegenstehenden Interesse der ländlichen wie der städtischen Weber an ›freyem Handel‹ in

Ein Weberhaus für zwei Familien, inzwischen renoviert und wieder aufgebaut im Freilichtmuseum Beuren

Konflikt geriet, sondern zusätzlich noch mit dem staatlich-fiskalischen Zollinteresse. Und dies war vor allem auf dem Lande der Fall. Denn hier konnten die Weber von der relativen Ferne der städtisch-oberamtlichen ›Polizey‹ profitieren, ebenso vom Schutz, den dörfliche Solidarbeziehungen und ›Vetterles-Wirtschaft‹ boten, insbesondere aber auch von der Nähe der Landesgrenzen (zum bayrisch-wiesensteigischen Territorium, das schon im Nachbarort Westerheim begann, zum Territorium der Reichsstadt Ulm und vom kurzen Weg in die an der Donau gelegene vorderösterreichische Handelsstadt Günzburg): Mit dem Instrument des Schmuggels und der ›Zolldefraudation‹ stand ihnen eine jederzeit nutzbare Handlungsalternative offen. Die war der herzoglichen Finanzverwaltung im 17. und 18. Jahrhundert durchaus gegenwärtig. Ein Beamter formulierte die möglichen Konsequenzen eines allzu verschärften obrigkeitlichen Drucks auf die ländlichen Weber des Ortes Laichingen denn auch folgendermaßen:

›Wenn man Zwangsmittel anwenden wollte, würde man die dasige Weber nötigen, ihre Leinwand ohnverzollt außer Landes hinauszuschleppen und das herzogliche Interesse mehr verkürzen, zumahlen sie an den Grenzen gelegen und in einer Stunde außer Landes seien.‹

Dennoch versuchte das Uracher Handelskapital immer wieder, mit Hilfe staatlicher Gewalt seine Interessen durchzusetzen. Dies wurde schon allein deshalb erschwert, weil die Laichinger ihr Leinen zu einem Großteil aus selbst angebautem und verarbeitetem Flachs herstellen konnten. Die Abhängigkeit von Garnhändlern war so von vornherein minimiert. Dennoch gelang es den Urachern mit polizeilicher Unterstützung den Absatz der Laichinger Ware jedenfalls zu einem Teil zu kontrollieren und ihren Vorteil daraus zu ziehen.«

Das Interesse der ausländischen Händler an dem feinen Qualitätsleinen aus Laichingen war jedoch so groß, dass die Handelshäuser selbst aktiv wurden. Hans Medick stieß auf Quellen, die »den Export auch des Laichinger Leinens nach Italien, besonders nach Genua und von dort nach Spanien, sowie nach Mittel- und Südamerika« belegen. »Um einem Brennpunkt des Geschehens nahe zu sein, unterhielt das Handelshaus Brentano spätestens nach dem dritten Jahrzehnt des 18. Jahrhunderts auch Aufkäufer in unmittelbarer Nachbarschaft Laichingens, im bayrisch-wiesensteigischen Ort Westerheim und in

Wiesensteig selbst. Auch Händler aus dem thurgauisch-schweizer Ort Rorschach sowie vor allem aus dem an der Schweizer Grenze gelegenen Ort Arbon hatten ihre Aufkäufer in Wiesensteig und anderen Grenzorten postiert, um einen Teil des Transit- und Exporthandels mit Leinwand nach Italien und Frankreich an sich zu ziehen. Hier war es ebenfalls eine italienische Händlerfamilie, De Alberti, die am Ende des 17. Jahrhunderts in das Schweizer Grenzgebiet eingewandert war und im 18. Jahrhundert im Handel mit schwäbischer und mit Laichinger Leinwand besonders aktiv gewesen ist.«

Medick kommentiert Laichingen, das »vom Spätmittelalter bis zum Beginn des 20. Jahrhunderts von einer kargen Landwirtschaft und von hausindustrieller Leinenweberei lebte«, als eine »Gesellschaft, die nicht die Welt bewegte, wohl aber ihre württembergische Umwelt«.

Lant en no saua,
d'Bolizei wad en
schau griaga

Selbst Herzog Carl Eugen habe sich beeindruckt gezeigt, nachdem er im Februar 1778 einen Jagdausflug auf die Alb gemacht hatte. Danach war er von den Einflüsterungen der Uracher Compagnie-Lobby nicht mehr so ganz überzeugt, wie einer seiner Begleiter in diesem Zusammenhang berichtete:

lant en no saua: lasst ihn nur rennen
d'Bolizei wat en schau griaga: die Polizei wird ihn schon fassen

»Euer herzoglich Durchlaucht bey der gestrigen Retour von der Alpp sich gnädigst geäußert haben, dass hier oben auf der Alpp ein ganz ander Land, dann hier unten seye, mithin nicht alles, was in dem Thal oder in dem Unterland, applicabel.«

Medick resümiert: »In Laichingen und von Laichingen aus, das im Verlauf dieser Auseinandersetzungen zum bedeutendsten Leineweberort Altwürttembergs wurde, setzten die Weber ihre Forderungen auch durch.«

Während des 18. Jahrhunderts, so ermittelte Medick, verdreifachte sich die Zahl der aktiven Webermeister, von 73 im Jahr 1722 auf 221 im Jahr 1797. Diese Zahl stieg bis zu ihrem Maximum im Jahr 1816 auf 292 Haushalte, was 70 Prozent entsprach.

Erst die »Hungerjahre« 1816/17 stoppten diese Entwicklung. Zu der durch die napoleonischen Kriege ausgelösten Gewerbekrise, die die Absatzmöglichkeiten drastisch verschlechterten, kamen mehrere schlechte Erntejahre, »die im Sommer 1816 im Ausfall des größten Teils aller landwirtschaftlichen Erträge kulminierten. Diese ganz Württemberg treffende Erntekrise erfasste die klimatisch ungünstig gelegenen Orte der Schwäbischen Alb mit besonderer Härte«, schreibt Medick. Hier seien es ohnehin »Grenzerträge einer kleinen oder kleinsten Landwirtschaft« gewesen. Deren Schmälerung bedeutete zwangsläufig eine Katastrophe.

Medick fand einen im November 1816 abgefassten Bericht des Oberamtmanns von Münsingen an die Landvogtei auf der Alb:

»Bei der großen Armut, in welcher sich die Einwohner der bedrängten Ortschaften seit mehreren Jahren befinden ... sind sie gänzlich außerstand, sich die nötige Hilfe und die erforderlichen Lebensmittel selbst zu verschaffen, besonders da der größere Teil derselben aus so genannten Stückwebern besteht, deren Gewerb schon seit verschiedenen Jahren ins Stocken gerathen, seit kurzen aber so weit gesunken ist, dass sie größtenteils zu arbeiten aufhören müssen, weil der vormals so blühende Leinwandhandel nach Italien und Spanien einen ganz verschiedenen Gang genommen hat, die Schwäbische Leinwand seitdem nicht mehr dahin zu verschliessen, eben dadurch aber die einzige Nahrungsquelle so vieler tausender Familien beinahe ganz verstopft worden ist.«

Auch ein ebenfalls von Medick ermittelter Bericht des Laichinger Pfarrers und Schultheißen von Anfang 1817 an das Oberamt Münsingen schildert die Not, die im Ort um sich gegriffen hatte:

»Der hiesige Ort, welcher über 350 Bürger zählt, hat verhältnismäßig nur wenige Bauer und bey 250 Professionisten sämtlich des Weeberhandwerks. Vor 20 Jahren gaben diese dem Ort das Leben, waren zugleich die Versorger und Ernährer der Armen, indem sie diese mit Arbeit beschäftigten und mit gutem Lohn bezahlten. Selbst für den Bauern waren sie von großem Nutzen. Dieser konnte durch Bauung ihrer Felder sich ein Stück Geldt verschaffen und seine Abgaben an Steuern und an Handwerksleute als Wagner und Schmiede damit berichtigen. Aber nun sieht es auf einmal ganz anders aus. Durch die viele aufeinander gefolgte Kriegsjahre und

Eine Stickerin, die mithilfe eines Stickrahmens von Hand ein Monogramm oder ein Ziermuster auf feine Bettwäsche strickt

durch die schon lange angehaltene Stockung des Handels wie auch durch die seit vier Jahren aufeinander gefolgte Fehljahre wegen erlittenen Wetterschlags und Misswachses und auf der anderen Seite wegen den von Kriegs-Ereignissen auf höchste gestiegenen Steuern und sonstige Prästandis, und den fast nicht mehr aufzubringenden Getreidepreisen, sind die Meiste der hiesigen Weeber zur größten Armuth und viele bis zum Bettelstaab herunter gekommen. Ja mehrere sind genöthiget, sich selbst noch tiefer ins Verderben zu stürzen. Der Einkauf der Schneller ist sehr theuer und der Absatz fehlt, so dass die meiste ganz umsonst auf ihrer Profession arbeiten und sich auf folgende Weyse zu helfen suchen. Sie nehmen die Schneller bald bey diesem bald bey jenem Händler auf Borg, verschaffen solche, und das erzeugte Product wird unter dem Geldt [i. e. den Kosten, H. M.] verkauft und zur Bestreitung der nothwendigen Bedürfnisse in die Haushaltung eingebracht, dem Gläubiger aber das leere Nachsehen gelassen. Vor 10 Jahren hatte der hiesige Orth noch bey den Steuerabrechnungen mit der betreffenden Amtspfleg immer gut, jetzt ist es das Gegentheil, der Ort ist bedeutend im Rest, und weiß die Schuld nicht mehr zu tilgen. Ebenso verhielt es sich mit dem einzelnen Bürger. Nur sehr wenig ließen einen Rest stehen, die meisten hingegen bezahlten baar aus. Jetzt sind nur sehr wenige, die keinen alten Rest haben.«

Wenn ma graag ischd

Wenn ma graag ischd, griagd ma a Oierkiachle, worunter man ein bewährtes Stärkungsmittel versteht – vielleicht auch wegen der ganz eigenen und deswegen mit besonderer Aufmerksamkeit verbundenen Zubereitung, für die man sogar extra ein Gefäß besitzt, das Stielpfännle.

Nun muss man sich einen Ofen folgender Art vorstellen: In der Mauer zwischen Kuche und Schduub ist ein großes Loch, von dem aus übrigens auch der Kamin besteigbar ist. In diesem Loch macht man von der Kuche aus offenes Feuer, das einerseits heizt, und auf dessen Glut man andererseits zum Beispiel d'Aibiera suid. Und, im Ausnahmefall, eben des Oierkiachle.

Oierkiachle

1 Ei,
Schweineschmalz.

Man gibt dazu reichlich Schweineschmalz in das Stielpfännle und schlägt ein rohes Oi nei. Jetzt stellt man es auf die Glut. Durch die Form der kleinen Pfanne und die Art der Hitze wölbt sich das Oierkiachle an seinen Außenseiten hoch und wird auf diese Weise ganz besonders knusprig. Klar, dass ein normales Ochsaaug niemals die Wirkung eines so zubereiteten Oierkiachles haben kann.

Ein prächtiger gusseiserner Stuben-Ofen, wie sie aus Wasseralfingen kamen. Nach hinten gibt es eine Verbindung zur Küche.

wenn ma graag ischd: wenn man krank ist
griagd ma a Oierkiachle: bekommt man ein Eierküchlein
Kuche: Küche
Schduub: Wohnzimmer
d'Aibiera suid: die Kartoffeln kocht
Oierkiachle: Eierküchlein
Oi: Ei
nei: hinein
Ochsaaug: Spiegelei

Ond zom Drengga?

»Ha, a Wasser nadierlich!«, lautet die Antwort auf diese Frage. Dass frisches Wasser hoch geschätzt wurde, versteht sich von selbst in einer Gegend fast ständiger Wassernot, der man erst mit der Albwasserversorung (siehe Seite 31) wirkungsvoll begegnet ist.

Außer Wasser wurde aber auch noch etwas anderes getrunken: »Ha, nadierlich Mooschd!«

Auf der Alb war es – wie für das meiste andere Obst auch – schon immer zu kalt für Reben, deren Trauben hier oben keine Öchsle

zusammenbringen würden. Trotzdem waren die somit weinlosen Älbler nicht gezwungen, grad bloß Wasser zu trinken.

Am Bodensee, wo der Hopfen wuchs und wächst, konnte man sich zum Hopfenzopfen während der Ernte als Daagleiner verdingen. Anzunehmen, dass da der Saft aus Hopfen und Malz dann auch in Älblerkehlen geflossen ist.

Aber zurück auf die Alb. Den Älblern darin ganz gleich, standen ihnen zwei allen Winden und Wettern trotzende Pflanzen bei. Zum einen die Dreibleshecka, deren Früchte den Speisezettel der rauen Alb ganz erheblich freundlicher aussehen ließen. Zum anderen – im Gegensatz zu den Dreibla allerdings ausschließlich in verflüssigtem Zustand zu genießen – das Mooschdobschd. Der Dreiblesmooschd ist wegen seiner starken Wirkung verrufen. Da gefährdet der ganz normale Mooschd den Hausfrieden deutlich weniger, jedenfalls wenn man ihn nicht über den Durst trinkt. Er wird aus Äpfeln, bisweilen auch noch aus etlichen Birnen, gewonnen.

Pause im Schatten – im kühlenden Gogga ist Most oder Wasser.

Mooschdobschdbeim sind meistens recht verkrüppelte, verknorzte, zersauste und oft sich schräg in der Landschaft mit äller Gwaalt auch noch auf den Schdoiriegeln festkrallende Apfelbäume, deren Früchte in frischem Zustand ungenießbar sind. Do dät's oim 's Hemmad neiziah. Und wenn die Älbler von etwas sagen, dass man es nicht essen kann, dann will des fei abbas hoißa!

Obwohl 's Mooschdobschd zu den Dingen gehören dürfte, die sich im Vergleich zu früher am allerwenigsten geändert haben, ist etwas mit dem Mooschd doch ganz anders als noch vor wenigen Jahrzehnten. Früher ergab ein Zantnr von danne oofermage Mooschdepfl

ond zom Drengga?: und zu trinken?
nadierlich: selbstverständlich
Daagleiner: Tagelöhner
Dreiblashecka: Johannisbeerhecken
Dreibla: Johannisbeeren
Mooschdobschd: Mostobst
Dreiblesmooschd: Johannisbeer-Most
Mooschd-obschdbeim: Mostobstbäume
mit äller Gwaalt: mit aller Kraft
Schdoiriegel: Felsboden
do dät's oim 's Hemmad neiziah: da würde es einem das Hemd hineinziehen
will fei abbas hoißa: will wirklich etwas heißen
oofermage: unförmige

Beim Küfer wurden die Mostfässer hergestellt und repariert.

guad ond gära bis zu siebzig Liter Mooschd. Heute dagegen sind es nur noch dreißig bis fünfunddreißig Liter! Wie kommt's? Des Rätsels Lösung ist nicht etwa, dass die Epfl heute schromplagr ond vrdriggnadr oder zemagronzladr wäred. Nein, früher wie heute brachte ein Zentner Epfl ungefähr feifadreißg Liter Saafd. Im Unterschied zu früher lässt man allerdings heute das Wasser weg, mit dem man früher den Mooschd gestreckt hat.

guad ond gära: gut und gerne
Epfl: Äpfel
Mooschd: Obstmost
schromplagr: verschrumpelter
vrdriggnadr: vertrockneter
zemagronzladr: zusammengerunzelter
feifadreißg: fünfunddreißig
Saafd: Saft

Mooschd

Zunächst einmal muss man die Epfl, wenn man sie ragschiddlat ond zemaglaubat hot, en dr Moschde mahla lau.
Nach dem Mahlen werden die so gewonnenen Apfelstückchen gepresst.
Der frisch gepresste Saft kommt in das sauber geputzte Fass. Das Fassloch oben muss unbedingt offen bleiben, weil es hier den »Dreck« rausdrückt. Aber Obacht! Man sollte nie vergessen, den Sponda leicht so auf das Loch zu legen, damit es einigermaßen abgedeckt ist. Denn: A Maus schlupft en jedes Looch!
Wenn dr Mooschd ausgschaffat hot, haut ma da Sponda nei.

Am beschda om Weihnachda rom ka m'en no astacha. Zom Wohl!

Dieser Mooschd war sozusagen das Ällerweltsgsöff, das heißt das Universalgetränk der Bauern, Weber und Handwerker. Weil er ja kräftig verdünnt war, haute es einen auch nicht gleich en da Aggerroina nei, wenn man zum Vesper – womit in diesem Fall das zweite Frühstück morgens ungefähr um neun gemeint ist – schon sein Krügle aus dem Keller geholt hat.

I zoig dr gau, mo dr Baddle da Mooschd hollat!

Jetzt gab es aber, wie gesagt, auch noch den Dreiblesmooschd. Ein ganz gefährlicher Dengaler! Wer ihm tagsüber schon zusprach, hatte gleich einen gewaltigen Affen. In vielen Häusern kam er deswegen schon von vornherein nicht in den Keller.

ragschiddlat ond zemaglaubat: runtergeschüttelt und zusammengelesen
en dr Moschde: in der Mosterei
mahla lau: mahlen lassen
Obacht: Achtung
Sponda: Fassverschluss
a Maus schlupft en jedes Looch: eine Maus schlüpft in jedes Loch
wenn dr Mooschd ausgschaffat hot: wenn der Most vergoren ist
haut ma da Sponda nei: bringt man den Fassverschluss an
am beschda: am besten
om Weihnachta rom kam'en no astacha: um Weihnachten rum kann man ihn dann anstechen
Ällerweltsgsöff: Universalgetränk
en da Aggerroina nei: in den Ackerrain
i zoig dr gau, mo dr Baddle da Mooschd hollat: ich zeig dir gleich, wo der Bartl den Most holt
Dreiblesmooschd: Johannisbeermost
Dengaler: grober Kerl

Hie und da hat er sich doch gehalten bis heute, und so wird er gemacht:

Dreiblesmooschd

Man rechnet, dass ein Zentner Beer an de 150 Liter Dreiblesmooschd geit. 25 Pfund Zucker kommen dazu und so viel Wasser, bis die 150 Liter erreicht sind.
Zunächst einmal muss man die Dreibla mahlen. Dazu muss man entweder im Besitz einer Beermiehle sein oder zu Leuten gehen, die eine haben und gegen ein paar kleine Münzen die Beeren mahlen lassen.
Der Saaft wird in einer Gelt aufgefangen. Dazu gibt man dann vielleicht zwei Oimr Wasser.
Nach ungefähr zwei Tagen ist die Maische weiß geworden und schwimmt oben, das heißt: alles, was in den Beeren war, ist jetzt im Wasser, die ausgelaugten, leichten Häute schwimmen darauf.
Jetzt nimmt man einen Seiher und drückt ihn von oben nach unten, sodass man aus seiner Mitte den Saft mit einem Häfele ausschöpfen kann.
Dieser Saft kommt in das frisch geputzte Fass. In warmem, aber nicht kochendem Wasser wird jetzt der Zucker aufgelöst. Wenn sich der Zucker vollständig verflüssigt hat, lässt man das Zuckerwasser abkühlen und gibt es dann ebenfalls in das Fass. Entweder man macht es mit dem Sponda so, wie oben beim Mooschd beschrieben, oder man schneidet zwei Dreiecke in einen Korken, sodass das Fassloch einerseits zu ist, andererseits der Dreiblesmooschd aber schaffa kaa. Wenn er nemme schaffat, wird das Fass zugeschlagen, das heißt luftdicht verschlossen.

Bis zum Anstich!

Der frisst me
mitsamt
am Hääs!

Dreiblesmooschd: Johannisbeermost
geit: gibt
Dreibla: Johannisbeeren
Beermiehle: Beerenmühle
Saaft: Saft
Gelt: hölzernes Gefäß
Oimr: Eimer
Seiher: Sieb
Sponda: Fassverschluss
Mooschd: Obstmost
Häfele: kleiner Hafen
schaffa kaa: gären kann
wenn er nemme schaffat: wenn er vergoren ist
der frisst me mitsamt am Hääs: der frisst mich mitsamt meiner Kleidung

TRAUGOTT GÖTZ
Bio-Landwirt, Imker und Getreidebauer
HERMANN GÜTLER
Müllermeister, Stelzenmühle Bad Wurzach
OLIVER WENDORF
Müllermeister, Mühlengenossenschaft Böhringen
KARIN MAIER
Biolandbetrieb Eichberghof
Unsere Qualität beginnt
mit unseren Partnern direkt
in der Natur!
WILFRIED HOLDER, TRAUGOTT GÖTZ & JÜRGEN TRÖSTER
Leinsamen-Anbau
WILFRIED HOLDER
Bio-Landwirt, Kümmel- und Getreidebauer
BENJAMIN & MARKUS RUOPP
Dinkelbauern
FAMILIE TRÖSTER
Biohof Tröster, Milchlieferant
GERHARD DAUMÜLLER
Keltenhof Salate
ANTON WAHL & PAUL ERZBERGER
Bio-Landwirte und Getreidebauern
BECKABECK
www.beckabeck.de

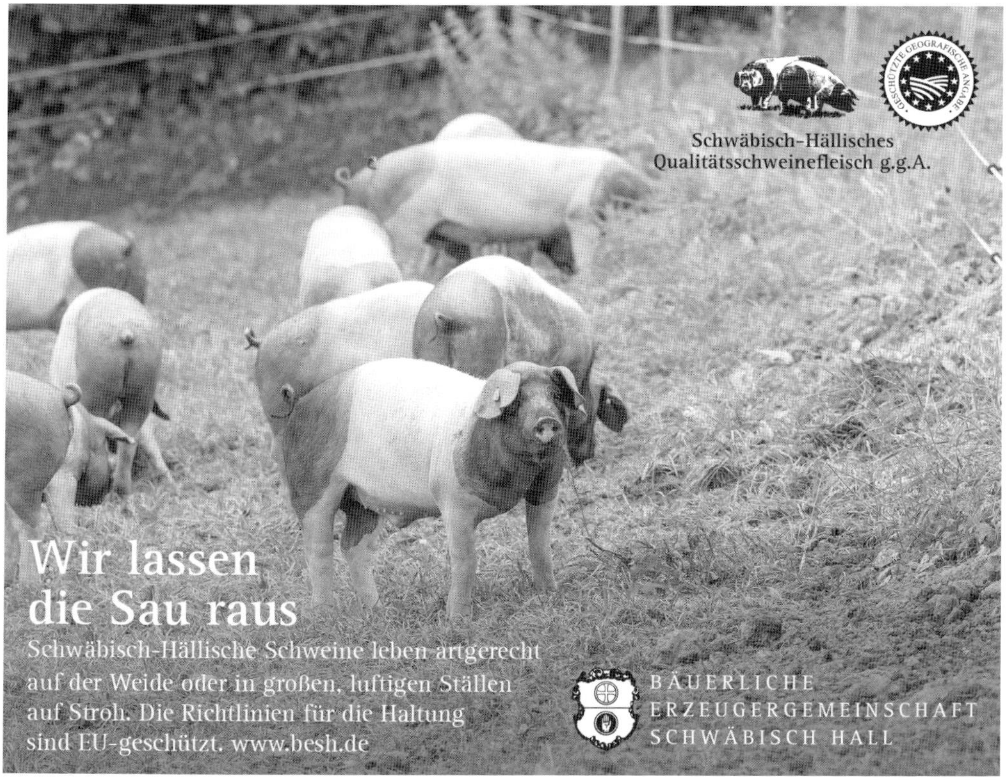

Schwäbisch-Hällisches
Qualitätsschweinefleisch g.g.A.
Wir lassen
die Sau raus
Schwäbisch-Hällische Schweine leben artgerecht
auf der Weide oder in großen, luftigen Ställen
auf Stroh. Die Richtlinien für die Haltung
sind EU-geschützt. www.besh.de
BÄUERLICHE
ERZEUGERGEMEINSCHAFT
SCHWÄBISCH HALL

Schwäbisch
QUERBEET
'S GIBT NIX BESSERES
ALS EBBES GUATS
15 GÄNGE
MENÜ
Schwäbische Esskultur live erleben!
In einem 15-Gänge-Menü mit alten
schwäbischen Rezepten und mit viel Information.
Moisch magsch Moscht? Den gibt es nämlich gratis dazu!
LAGERHAUS
Termine/ Reservierungen ● www.lagerhaus-lauter.de
Lagerhaus an der Lauter · 72532 Gomadingen · 07385/965825

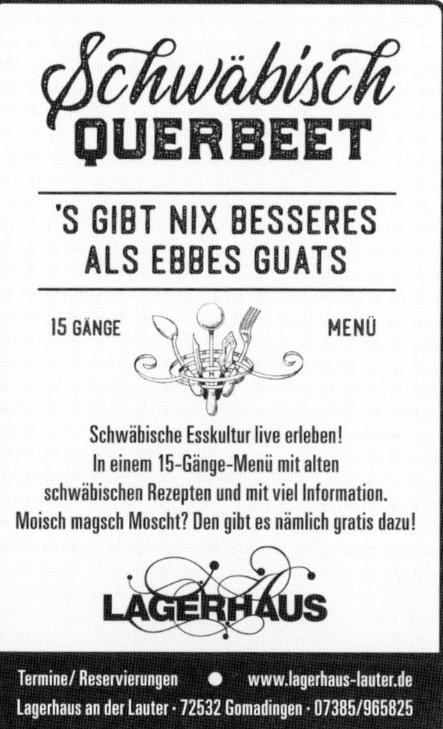

Gudrun Mangold:
's Christkendle uff dr Alb

Eine kleine Weihnachtsgeschichte Mit Originalrezepten

96 Seiten, zahlreiche s/w-Fotos
Edition Gudrun Mangold, Heidelberg 2006
ISBN 3-00-020252-8, VK 12,95

Wie hat man früher auf der Rauhen Alb Weihnachten gefeiert? Wie war es, als die Leute kaum etwas hatten, das sie unter den Christbaum legen konnten? Womit hat man den „Bredlesteller“ gefüllt, wenn schon Zutaten wie Eier, zumal im Winter, Mangelware waren?

Herzstück des Buches ist eine kleine Erzählung rund um Weihnachten. Im zweiten Teil sind alte Originalrezepte versammelt. Bei der Weihnachtsbäckerei mußte man oft mit nur wenigen Zutaten auskommen. Aber das tat dem Geschmack keinen Abbruch – im Gegenteil, es war der reine Hochgenuß!